Guidelines for the Construction of
Transfer Guidance System
for Integrated Passenger Hubs

综合客运枢纽换乘导向系统建设指南

江苏省交通运输厅规划研究中心
江苏纬信工程咨询有限公司
编著

人民交通出版社股份有限公司
China Communications Press Co.,Ltd.

内 容 提 要

本书以江苏省综合客运枢纽换乘导向系统建设实践为基础，借鉴国内外经验和相关标准规范，提出了综合客运枢纽换乘导向系统设计、建设及管理要点。全书共5章，内容包括：概述、枢纽换乘导向系统设计总体要求、枢纽换乘导向系统标志点位布置、枢纽换乘导向系统标志版面设计、枢纽换乘导向系统建设管理。同时，本书附录还提供了常用标准规范、主要标志详解及制作安装、常用标志图形符号规范等。

本书可供交通运输行业相关研究、设计、建设及管理人员参考，也可作为高等院校交通运输专业本科生及研究生参考用书。

图书在版编目（CIP）数据

综合客运枢纽换乘导向系统建设指南 / 江苏省交通运输厅规划研究中心，江苏纬信工程咨询有限公司编著. — 北京 : 人民交通出版社股份有限公司，2019.6
ISBN 978-7-114-15465-2

I.①综… II.①江… ②江… III.①旅客运输－枢纽站－交通标志－设计－指南 IV.①U115-62 ②U491.5-62

中国版本图书馆CIP数据核字（2019）第068310号

书　　名：综合客运枢纽换乘导向系统建设指南
著 作 者：江苏省交通运输厅规划研究中心　江苏纬信工程咨询有限公司
责任编辑：吴燕伶
责任校对：刘　芹
责任印制：张　凯
出版发行：人民交通出版社股份有限公司
地　　址：（100011）北京市朝阳区安定门外外馆斜街3号
网　　址：http://www.ccpress.com.cn
销售电话：（010）59757973
总 经 销：人民交通出版社股份有限公司发行部
经　　销：各地新华书店
印　　刷：北京市密东印刷有限公司
开　　本：720×960　1/16
印　　张：6.25
字　　数：102千
版　　次：2019年6月　第1版
印　　次：2019年6月　第1次印刷
书　　号：ISBN 978-7-114-15465-2
定　　价：48.00元
（有印刷、装订质量问题的图书由本公司负责调换）

本书编写组

主　　编：尹红亮

副 主 编：李剑锋　李　峰

编写成员：胡　斌　孙华强　王　健　王雪标

陈　晨　单秀全　鲍辰瑜　于　鑫

沈颖洁　孙雪莹　李鹏飞

前　言

当前，我国交通运输已经进入各种方式从分散走向融合交汇、统筹发展的新阶段。综合客运枢纽是各种对外交通方式及与城市交通之间实现有效衔接和一体化客运组织的场站设施，是构建综合交通运输体系的关键节点。

由于多种交通方式场站汇集，一些大型、特大型综合客运枢纽的布局和换乘流线往往非常复杂，同时还肩负重要的城市功能，成为复杂的综合建筑体。完善的导向系统能最大限度地减少旅客在枢纽内无效的绕行和滞留时间，提升枢纽运营组织效率，增加旅客换乘的便利性。

2009 年以来，江苏建设了一批综合客运枢纽，并高度重视导向系统的建设，但是仍然存在枢纽换乘标志指示不清晰，影响乘客换乘的问题。为了更好地服务于旅客换乘，提高综合客运枢纽运行效率，在已完成“综合客运枢纽换乘导向系统研究”“江苏省铁路综合客运枢纽信息系统研究”等课题和相关枢纽规划建设实践的基础上，我们组织编写了本书，以便与同行和读者分享我们的认识体会，共同促进综合客运枢纽换乘导向系统的优化提升。

感谢中国标准化研究院、南京工业大学、交通运输部规划研究院、北京中咨正达交通工程咨询有限公司、深圳市交通运输委员会以及南京、无锡、苏州、常州、镇江市交通运输局等单位对编写组给予的大力支持！由于编写组水平有限，书中难免有错漏之处，恳请大家批评指正。

编写组

2019 年 3 月于南京

目 录

第1章 概 述

1.1 概念定义

综合客运枢纽是指将两种及以上对外运输方式与城市交通的客流转换场所在同一空间（或区域）内集中布设，实现设施设备、运输组织、公共信息等有效衔接的客运基础设施。综合客运枢纽内往往集合了多种交通方式，同时还承担着重要的城市开发功能，建筑形式、换乘流线复杂，对导向系统有着很高的要求。

目前，我国各种交通方式场站均已形成了由国家标准、行业规范和地方标准组成的较为完善的导向系统标准体系，包括《公共信息导向系统　设置原则与要求　第3部分：铁路旅客车站》（GB/T 15566.3—2007）、《汽车客运站建设规范》（DB 32/T 1228—2008）等，但这些标准均只适用于某一种交通方式场站，且不同交通方式场站的导向系统建设标准有较大的差异，无法指导综合客运枢纽公共换乘空间导向系统的建设。

“十三五”时期，是我国深化改革、全面建成小康社会和推进新型城镇化建设的关键时期，是各种交通方式集中建设、衔接成网的重要阶段，是综合客运枢纽建设发展的重要战略机遇期。综合客运枢纽功能日趋多样，旅游集散、汽车租赁、综合开发等新的功能需求不断融入，使综合客运枢纽成为功能多元化的大型“交通综合体”，这对综合客运枢纽公共换乘空间导向系统的建设要求进一步提高。

本书所讨论的“综合客运枢纽换乘导向系统”，是指由导向要素构成的引导旅客在综合客运枢纽公共换乘空间内进行换乘集散的标志系统。其中，公共换乘空间包括枢纽周边、站前广场、换乘大厅及通道、进出站口等。

1.2 江苏省综合客运枢纽换乘导向系统建设现状

1.2.1 建设现状与经验

2009 年以来，江苏省积极推进综合客运枢纽建设，截至 2018 年底，共建成运营综合客运枢纽 17 个。

1 建设管理上，开展枢纽建设及相关导向系统研究，重视枢纽标志设计

2010 年，江苏省交通运输厅规划研究中心、北京中咨正达交通工程科技有限公司共同开展的“江苏省铁路综合客运枢纽信息系统研究”提出，枢纽换乘导向系统是按枢纽空间一体化和旅客流线顺畅衔接要求设置的，为枢纽内不同交通方式间旅客换乘提供引导服务的标志体系，是综合客运枢纽建设的重要内容。该研究还提出了标志的类型、布设原则与布设方法。

2015 年，江苏省交通运输厅规划研究中心、江苏纬信工程咨询有限公司联合研究并出版了《综合客运枢纽规划建设及运营管理指南》，提出了换乘标志系统的设计原则及相关技术要点。

2016 年，江苏省交通运输厅开展了“江苏省综合客运枢纽发展评估”课题研究，并对全省已建成的综合客运枢纽进行了满意度调查。从调查结果来看（图 1-1），枢纽换乘标志指示不清是乘客对枢纽换乘感到不方便的主要原因。

2017 年，江苏省交通运输厅开展了“综合客运枢纽换乘导向系统”课题研究，对全省已建成的综合客运枢纽的换乘导向系统进行普查，并赴国内外进行了学习调研，在参考换乘导向系统相关国家标准、行业规范基础上，研究编制了《江苏省综合客运枢纽换乘导向系统技术指南》，以更好地指导全省综合客运枢纽换乘导向系统的建设。

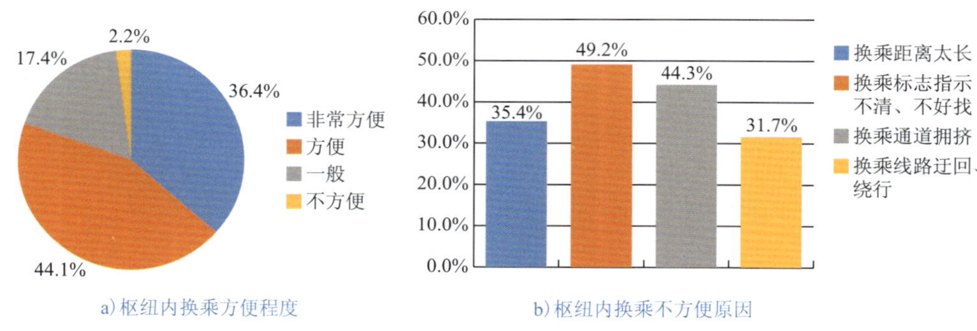

图 1-1　江苏省已建成的综合客运枢纽满意度调查情况

2 系统布置上，部分枢纽对公共空间的换乘导向系统进行了一体化设计

沪宁城际常州站综合客运枢纽，换乘导向系统布设较为完整，枢纽内各交通方式场站命名统一，换乘区域指引标志清晰，形成了定位、导向、资讯、警示提示四级标志系统，如图 1-2 所示。在正式运营前，还组织了 3 批市民累计 1 万人次进行换乘测试，不断优化标志系统。

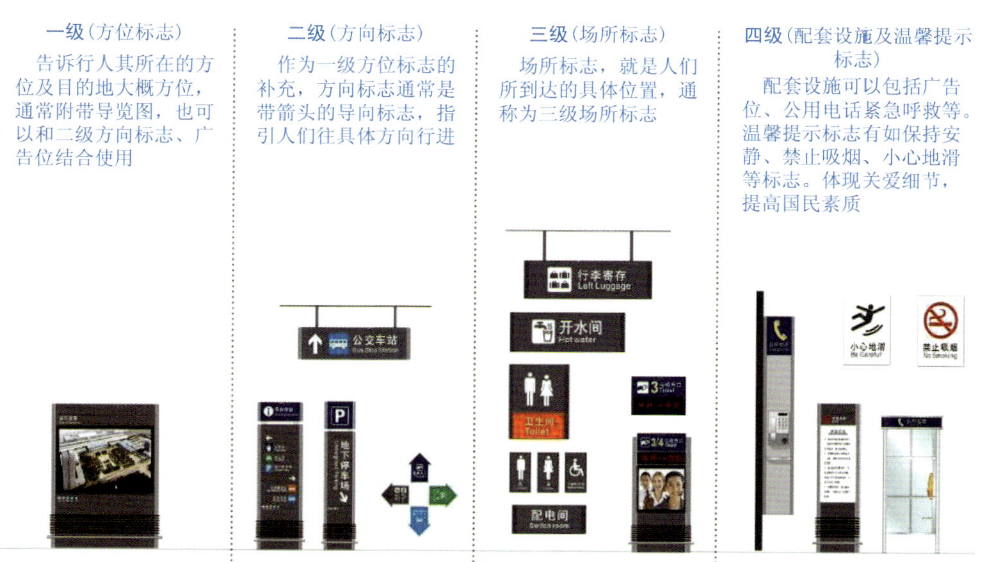

图 1-2　常州站综合客运枢纽四级标志系统

3 标志设计上，重点突出、信息量适中，标志醒目清晰

沪宁城际无锡站综合客运枢纽，在标志设计中，对交通功能区和服务设施信息进行了分类，服务信息置于整幅标志牌边侧，标志的各要素之间间距合理，字体大小适宜，版式设计合理，如图 1-3 所示。

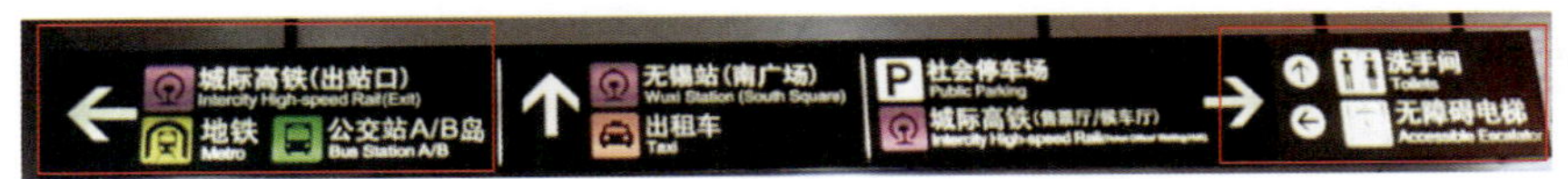

图 1-3　无锡站综合客运枢纽导向标志信息分类设置

沪宁城际无锡站综合客运枢纽，对不同功能区还采用了不同的颜色区分，城际高铁和普通铁路标紫色，出租车标粉红色，公交站标绿色，社会车辆停车场标白色，地铁及地铁内部标黄色，如图 1-3 所示。换乘空间内，导向过程中采用小色块，最终到达时采用大色块，且总体上颜色使用比较一致，如图 1-4 所示。

图 1-4　无锡站综合客运枢纽分色换乘导向系统

1.2.2　存在问题及成因

1 规范化的问题

一方面，文字、图形符号和颜色使用不规范。名词使用方面，出站口与铁路到达混用，大量的中英文翻译存在错误。图形符号方面，部分图形符号，如汽车客运站、公交车站、出租车站等对应的图形符号经常出现使用不规范的情况，如图 1-5 所示。颜色方面，同一枢纽内的同一功能区在不同处用不同的颜色表示，如图 1-6 所示，汽车客运站在铁路出站口用棕色表示，而换乘通道内又改用红色表示。**另一方面，标志设置和制作不规范。**标志设置不合理，比如出站口普遍缺少综合信息标志；部分标志布设位置不够醒目，不在人行流线上，或布置太高，如图 1-7 所示。部分标志制作不合理，如图 1-8 所示，由于采用金属材质地面导向标志，不能达到清晰、醒目的要求，导致标志在实际应用时很难准确、清晰地传达导向信息。

图 1-5　图形符号使用不规范

图 1-6　图形符号颜色使用不统一

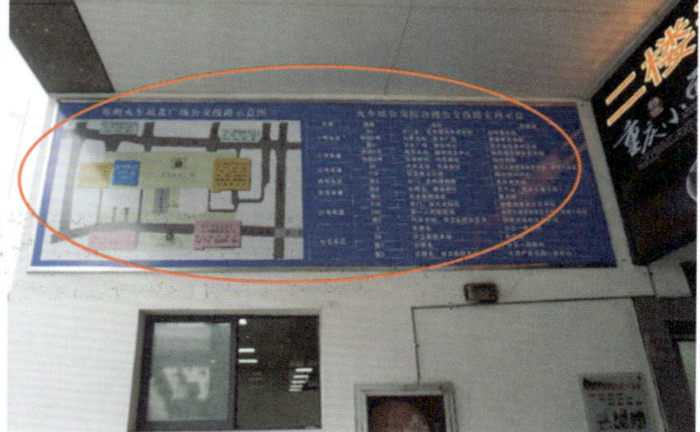

图 1-7　部分标志布设太高

图 1-8　金属材质地面导向标志不醒目

2 系统化的问题

一方面，系统化设计程度比较低。导向信息的传递是以链状形式进行的，每一环节之间都必须相互呼应才能保证信息传递链的完整和有效，而当前不少综合客运枢纽的各个功能区域各自独立设计，自然形成一个个信息孤岛，整体信息传递不连续。**另一方面，缺乏系统化的设计标准和组织。**目前枢纽内公共区域没有导向系统设计标准，且事权不明确，导致很难组织系统化设计。

专栏： “系统设计”与“非系统设计”枢纽换乘导向系统

“系统设计”枢纽：这类综合客运枢纽对换乘导向系统比较重视，专门对公共空间的换乘导向系统进行一体化设计。这类枢纽的主要特征是：铁路站以外的换乘标志均是统一设计，使用的标志类型也相对合理，换乘空间内有分层平面图、周边信息图等总体信息，均设有专门的咨询台，旅客寻路体验感受较好。这类枢纽包括南京南站、常州站、常州北站、无锡站、无锡东站、镇江站、扬州站等综合客运枢纽。

“非系统设计”枢纽：这类综合客运枢纽没有对公共空间的换乘导向系统进行系统设计，各个功能区域根据各自的喜好来设计导向系统，并根据自身需求，适当将导向系统向公共区域延伸。这类枢纽的主要特征是：各功能区导向标志的风格自成一体，公共区域导向标志风格混杂，且存在大量后期添加的“非正规”“补丁式”标志。由于是非系统设计的导向系统，所以普遍缺少分层平面图、周边信息图等总体信息，部分甚至没有设置咨询台，旅客寻路体验感受不佳。

通过对比“系统设计”和“非系统设计”枢纽的换乘导向系统可以发现，枢纽的换乘导向系统与枢纽的投资建设模式有很大的相关性。无锡站、无锡东站、常州站、常州北站等综合客运枢纽，在高铁站房以外的地方配套工程均有统一的投资建设主体，标志设计可以更容易统一开展。而部分枢纽由于投资主体或建设主体多元，公共区域标志则缺乏系统设计。

3 理念和管理的问题

一方面，重视不足，理念落后。国内综合客运枢纽的建设管理者普遍对换乘导向系统设计重视不足，极少委托开展导向系统的专项设计，往往把设计和施工打包在一起，由一些缺乏设计资质的小型广告公司承接，导向系统人性化程度不高，无障碍水平较低。**另一方面，建设管理机制存在缺陷。**由于国内大部分枢纽的建设和管理主体不同，衔接不够，导致建设阶段对导向系统的考虑和预留不足，在运营阶段很难补救。

1.3 国内外经验及启示

1.3.1 发展趋势

国内外综合客运枢纽的发展趋势是，功能布局从"单一性"向"复合性"转变，客流流线模式从"等候式"向"通过式"转换，运营方式从"管理型"向"服务型"转变。由于综合客运枢纽换乘导向系统是枢纽组织旅客交通流的关键设施，其完善与否直接决定了枢纽的运行效率和服务水平，因此枢纽换乘导向系统应严格按照枢纽内旅客流线组织设计，"主动"引导旅客快捷换乘，减少站内绕行和滞留时间，最大限度发挥枢纽的交通集散功能。未来换乘导向系统的发展将呈现系统化、人性化、一体化和智能化的发展趋势。

1 系统化

综合客运枢纽的各种交通方式场站在同一空间内规划建设，枢纽空间结构越来越复杂，不同功能在换乘空间中交叉、重合的状况越来越多。只有运用系统化的换乘导向系统将枢纽内部信息展示给旅客，才能使旅客合理、有序、快捷地换乘。只有运用系统化的换乘导向系统来统筹枢纽内外车流、客流组织，才能使各种交通方式间转换空间紧凑，交通流线顺畅，内外衔接紧密。

2 人性化

换乘导向系统不仅仅是人们了解空间环境的一种工具，也是文化范畴的一项内容，是提升枢纽文化的重要组成部分，也是打造美好城市形象的重要元素。满足使用者的基本生理需求，是导向系统人性化设计的根本，只有满足了这一需求才能在导向系统中丰富更多的人文关怀内容。同时，人性化除了满足大多数人群的共同需求外，更多地体现在对少数人的关注，尤其是对弱势群体的人文关怀。

3 一体化

换乘导向系统存在于枢纽空间环境中，它的存在基础与形象依托必须以枢纽大环境为前提，要从形式和内涵上与环境相呼应，达到协调一体。例如，标志材料选择时要与周围环境具有协调的质感匹配和适度对比。同时要充分考虑标志设计的特殊性，使之与枢纽的整体大环境和城市意象一体化，更好地体现标志设计的地域性和文化性。

4 智能化

随着技术的创新发展，传统的、单一的、固定的标志将与现代科技相融合，不仅能开发出可视、可听、可互动的导向系统，还有虚拟现实功能的智能化导向系统。导向系统与新技术的结合应用将会产生前所未有的巨大改变，将会极大提高信息传递的灵活性、多样性。因此，现代综合客运枢纽导向系统的发展必须积极地适应科技进步带来的变化，未来导向系统将会向着智能化、数字化、网络化和多元化的方向发展。

1.3.2 深圳经验

深圳市紧抓国家铁路高速化发展契机，提升其在国家铁路网络中的定位，重点打造国家铁路枢纽城市，形成“东西贯通、南北终到、互联互通”的国家铁路布局，并提出形成“四主五辅”的铁路综合客运枢纽体系。从实际建设来看，“十二五”以来，深圳市新建成了多个综合客运枢纽，比如深圳北站、深圳东站、福田站等，在枢纽换乘导向系统建设方面也积累了很多宝贵的经验。

1 建设管理上，统一开展标志标准研究，重视枢纽标志设计

深圳市交通运输委员会十分重视客运枢纽换乘导向系统的制定和研究。早在2011年，深圳市交通运输委员会联合相关部门制定了《道路交通管理设施设置技术标准(征求意见稿)》，包括道路交通防护设施、道路交通监控设施和交通信号灯、人行过街设施、城市道路照明设施、交通枢纽客运服务标志五部分。其中，《深圳市交通枢纽客运服务标志设置标准》(以下简称“《标准》”)对交通枢纽内客运服务标志的设置方法进行了规定，在交通枢纽范围内构建“方向引导、位置标示、安全提示、信息服务”的综合信息指引服务体系，以提升交通枢纽指引标志设置的人性化、系统化和科学化，促进各种公共交通方式间的无缝衔接。针对交通枢纽内部各种交通方式换乘点的布局特征以及行人流线中各节点的功能特征，提出“预告、指引、确认”三层次指引体系，构建完整的交通枢纽换乘导向系统。

从实际效果来看，《标准》虽然最终没有正式发布，但在国内仍属于开展较早的研究，其中换乘标志的种类、设置的原则、标志点位布置、利用不同颜色区分不同交通方式、标志版面设计中对标志信息进行分级等内容都是对枢纽导向系统设计很好的探索。

2 系统布置上，结合节点特征进行不同类型标志布设

以福田综合客运枢纽为例，枢纽标志设计能够满足换乘指引，比如换乘大厅及通道内导向标志显著、间距适中，且广告炫目的情况较少，如图1-9所示；重要的出入口及客流分流处也设置了综合信息标志，且综合信息标志成组出现，包含了周边信息图、分层结构图、所在层平面图，以及专门用于指导换乘的地铁线路图和站内换乘关系图，如图1-10所示；此外，结合公交场站设置分散的实际情况，于换乘通道旁、电梯旁、主要出入口等多处设置公交线路信息标志，如图1-11所示，减少了由公交场站分散设置带来的寻路问题。

图 1-9 福田站综合客运枢纽导向标志设置

图 1-10 福田站综合客运枢纽综合信息标志设置

图 1-11 福田站综合客运枢纽公交信息提示标志设置

3 标志设计上，信息分级，强调交通优先并兼顾其他

深圳各大综合客运枢纽的导向标志都做到了信息分级，交通功能类的信息为主要信息位于上排，其他次要信息及辅助信息位于下排，并在标志底色上做出区别。

以深圳北站、福田站综合客运枢纽为例，在信息的发布上，做到对主次信息进行清晰的划分，方便寻找，不易遗漏重要导向信息。以深圳北站为例，主要信息、次要信息采用不同的标志底色，在图符与文字大小上也是主要信息大于次要信息，排版上主要信息也在次要信息之上，如图 1-12 所示，通过以上几个方面的处理使得主要信息更加醒目，减少次要信息对主要信息的干扰，使旅客能够更好地获取所需的换乘信息。

a）

b）

图 1-12　深圳北站综合客运枢纽换乘导向标志

1.3.3　香港经验

作为世界上少数几个地铁运营盈利的城市，香港地铁以其运营管理闻名于世。在香港地铁标志系统的设置中，便于车站管理是标志设置的一项基本原则，甚至高于乘客的需求，目的在于以最短的时间将乘客引导出车站计费区。

1 建设管理上，轨道交通内部已形成自己独立的标志系统

香港地铁内部已形成自己独立的标志系统，但与轻轨等不同轨道交通方式尚未形成标志方面的统一规划与规范手册，在标志的设置标准、线路的标志色、标志的本体色方面，轻轨与地铁采用了完全不同的标准。

香港的公共客运系统主要以地铁为骨架，其他多种方式为补充，故以地铁标志系统为主的设计，无论是在标志的一致性上，还是满足换乘需求的功能性上，完全能够满足需求。目前仅有红磡站一处有国铁线路接入，在设计上，国铁的站台紧邻

地铁平行布设，空间上融合性较强，仅是在功能上增加了海关等出入境环节，故实际换乘体验较好。

2 系统布置上，以换乘需求为核心，渐进式布设不同标志

在换乘标志方面，香港地铁本着“给乘客提供必要的导向、提示和警示，方便乘客、确保安全，优化运输组织”的原则，进行了内部标志的设计。与国家标准《城市轨道交通客运服务标志》（GB/T 18574—2008）相一致，香港地铁客运服务标志也涵盖了安全标志、导向标志、位置标志、综合信息标志、无障碍标志五大类。

在导向标志方面，遵循旅客搭乘 / 换乘地铁的模式、路线，进行导向标志的设计，包括站外导向（图 1-13）、乘车 / 换乘导向［图 1-14a)］、客运服务设施导向［图 1-14b)］、站台导向（图 1-15）、列车运行方向导向［图 1-16a)］、出站导向［图 1-16b)］，具体标志的样式与 GB/T 18574—2008 基本一致。在具体标志的设置上，数量适中且确保了信息的连续。

图 1-13　站外导向标志（含地铁站口）

a)乘车 / 换乘导向的标志

b)客运服务设施导向标志

图 1-14　乘车 / 换乘导向标志和客运服务设施导向标志

图 1-15 站台导向标志

a)列车运行方向导向标志

b)出站导向标志

图 1-16 列车运行方向导向标志和出站导向标志

3 标志设计上，以实用性为主，蓝白搭配，仅线路做颜色区分

目前香港地铁的线路标志色主要有 4 种，即：绿色、红色、蓝色和橙色，其应用的范围与国际上通用的范围一样，但有时应用更为灵活。香港地铁车站标志的本体色进站与出站区别不大，以灰底白字为主，唯出站加注绿色的“出”字。

1.3.4 日本经验

东京大都市圈、京阪神大都市圈、名古屋大都市圈是日本最大的三个城市集聚体。大都市圈的形成离不开它的轨道交通系统，通过轨道交通线网衔接的各类车站是大都市圈各个职能区域客流进出城市交通网的节点。

从形式看，日本的轨道交通涵盖了新干线、JR 线、私铁、地下铁等各种方式，也包含了其他一些特殊的轨道交通，如单轨铁路、悬挂式铁路等。不同类型的轨道交通相互交汇，形成了以轨道交通为主体的枢纽体系，大量的中大型客运换乘枢纽还综合考虑了城市公交、出租汽车及旅游集散等功能进行联合布设。

总结日本大都市圈内综合客运枢纽在换乘导向系统方面的建设经验，其主要特点如下：

1 建设管理上，出台设计手册，统一轨道交通导向标志设计

日本的轨道交通系统是亚洲最为发达的，从形式看，不仅有新干线、JR 线、私铁，也有地下铁及单轨铁路、悬挂式铁路等特殊的轨道交通；从建设主体看，有都政府、市政府，也有一些大的营团。为了统一和规范这些轨道交通车站的标志系统，一般都是由相关的政府机关指定设计标准，然后各站及各建设单位按标准设置、建设。以名古屋市为例，名古屋市交通局制定了《名古屋市交通局旅客 Sign Manual-高速铁道编》，主要规定了标志的设置，线路标志色，标志的尺度、底色及文字色，图形符号的选用标准，标志的排版规格，与标志尺度相对应的标志灯具选用等，即将标志的构成要素进行规范，各轨道交通的建设主体则依此手册，根据各车站的实际情况，进行个案设计。

此外，就换乘导向系统设计阶段和要求，日本也已形成了固定模式：即概念方案阶段重点考虑人行流线的组织，并以此为依据反馈到枢纽的功能布局中去，确保布局紧凑、换乘便捷；施工图阶段，施工图设计单位将严格遵循概念方案，并将标志系统的设计一起纳入其中，依照相关的标志规范，充分考虑标志布设的要求，在建筑上、设施设备上留出专门的标志空间，以确保标志的系统性、一致性。

2 系统布置上，以换乘需求为核心，渐进式布设不同标志

就功能而言，日本轨道交通车站内部各类标志齐全，涵盖导向、位置、综合信息、辅助性说明等各方面；就布设而言，日本以使用者出站、转换、进站三种基本换乘行为动线基础，重视使用者感受，渐进式地布设了不同类型的标志。比如：出站过程侧重综合信息标志，辅以导向标志，引导旅客有序出站；转换过程侧重导向

标志，引导旅客向各个方向分散；进站过程以位置标志为主，辅以导向，引导旅客进站并快捷完成换乘；与此同时，辅助性说明标志贯穿了旅客换乘的整个过程，于局部关键节点进行设置。特别是，日本注重综合信息标志的设置，不仅于出站口、换乘大厅内重要节点进行设置，楼扶梯顺客流上下的方向、无障碍电梯口亦设置有楼层综合信息（图 1-17），各层入口近楼扶梯处通常还进行本层平面的示意[图 1-18a）]，甚至洗手间入口处还进行了内部平面的示意[图 1-18b）]。

a）扶梯上楼处

b）无障碍电梯口

图 1-17　综合信息标志一

a）客运站层入口

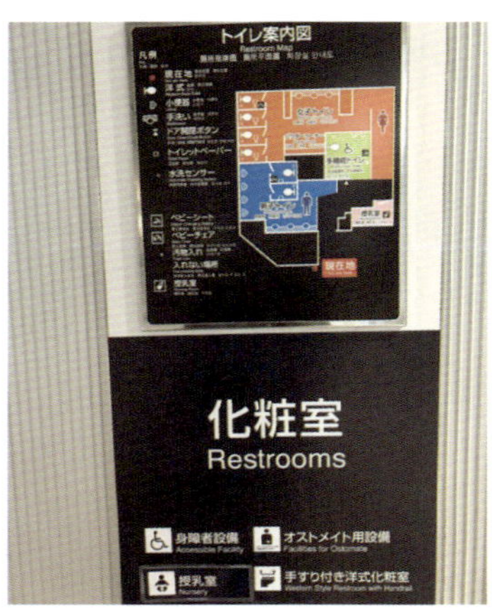

b）洗手间外

图 1-18　综合信息标志二

此外，日本将换乘导向真正提前到了出站以前，在旅客下车前、下车后、出站前会连续布设导向换乘信息。比如，日本在各轨道交通车站站台均标示出本线上各站换乘线路的名称、最近的转换通道位置，便于提前安排［图 1-19a)］；此外，轨道交通列车内部均设有显示屏，动态显示站台分布，明确告诉旅客换乘交通的名称、转换通道的位置等［图 1-19b)］。旅客下车后，可借助站台综合信息标志，也可借助换乘导向标志完成换乘。

a)各轨道站台上

b)列车内部

图 1-19　换乘标志

3 标志设计上，充分考虑各方面因素，确保精细化、人性化

日本的精细化已经渗透到生活的方方面面，在枢纽换乘标志的设计上，真正做到了精细化、人性化的设计，体现了周到的服务意识。如图 1-20 所示，换乘标志采用了颜色区分的方式，即为不同的方式或线路设定了不同的颜色，枢纽内部，无论是导向、位置、综合信息等各类标志均完全遵守这种颜色设定，便于旅客换乘；此外，枢纽对不同类型的信息也做了颜色的区分，如图 1-21 所示，出口信息采用“黄底黑字”的形式表示，换乘信息则采用“白底黑字”的形式表示。换乘大厅内，重要节点处均设置综合信息标志，街区图成组出现，且图的方向与人的朝向相一致（图 1-22），便于旅客决定换乘或出站的方向；枢纽内部均设有独立的点，提供旅游集散、站内索引等相关信息，绝大部分枢纽内部也会提供人工问询服务。

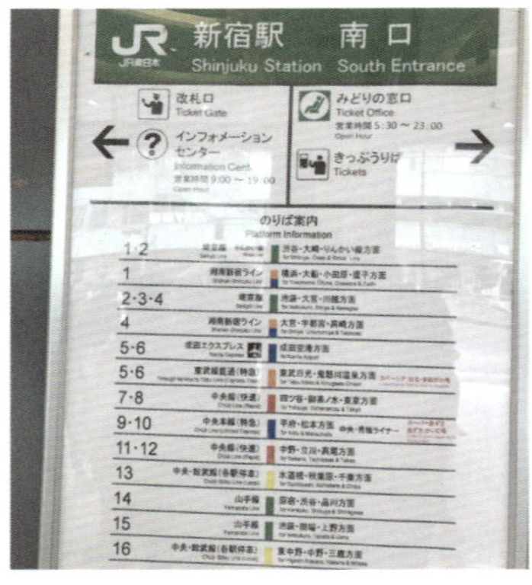

a）　　　　　　　　b）

图 1-20　线路颜色区分（各站内部统一，自行标定线路颜色）

a）　　　　　　　　b）

图 1-21　不同类型信息颜色区分（出口“黄底黑字”，换乘“白底黑字”）

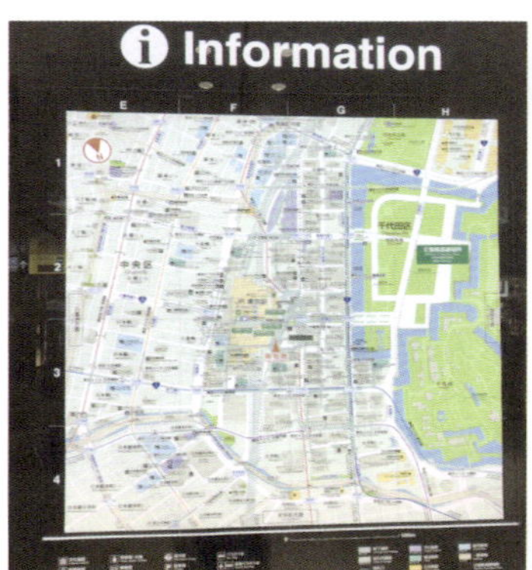

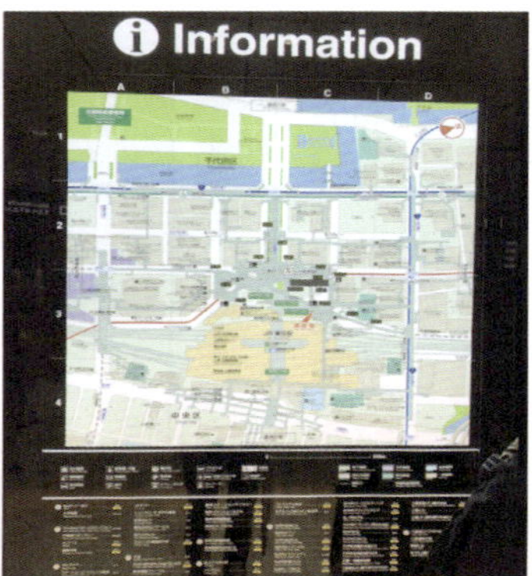

图 1-22　街区图成组出现，结合人的朝向设置

1.3.5　经验总结

1 建设管理上，统筹考虑，明确换乘导向系统设计工作流程与要点

以日本为例，先进的换乘导向系统从来不是各枢纽站的自发设计，均是由一定的牵头部门对行政区划范围以内的枢纽换乘导向系统统筹考虑，研究制定本地区的换乘标志导则或标准，对标志的种类，设置的原则，布设的主要位置，标志的尺寸大小，标志的图符、文字、颜色等细节予以明确或给出建议，以指导各枢纽单体的标志系统设计。

（1）明确建设管理基本要求。明确枢纽换乘导向系统是枢纽主体建筑的重要组成部分，需明确其设计、建设、运营的责任主体，并做好同步设计、建设与运营工作，在设计阶段就考虑好导向系统的空间、载体和照明要求，做好预留。

（2）给出导向系统建设的指导。包括导向系统布置方法与导向系统标志设计的建议，即明确在哪些节点与位置布置哪些类型的标志，并对各类标志的版面设计、材料工艺等给出具体的要求，以指导各地枢纽导向系统建设。

2 系统布置上，结合不同换乘空间特征，布置不同类型的标志

例如，枢纽周边一定空间范围内，设置导向标志，以指引车辆及行人进入枢纽内部；站前广场设置醒目的位置标志，并于客流集中处设置综合信息标志，以指引旅客进站后的换乘；换乘区域内，结合实际空间布局设置连续的导向标志，以引导客流换乘，于重要的交通及服务设施处设置醒目的位置标志，在铁路出站邻近处及换乘大厅内部可结合实际需求，设置综合信息标志及信息咨询台，提供相关信息的咨询服务；各交通方式进出站口附近设置位置及导向标志，如确有需要，还可设置综合信息标志，以指导客流在本交通方式内部的换乘。

3 标志设计上，融入颜色分区、信息分层、方向一致的理念

（1）颜色区分。不同规模的枢纽可结合自身情况进行功能区的颜色区分。有条件的大中型枢纽，可为枢纽内部各交通方式设置各自特有的标志色，以进一步方

便旅客换乘，但明确采用颜色分区的，必须确保内部颜色统一，切不可在不同地点的标志上，同一交通方式用不同颜色表示；而对于中小型或特大型枢纽，或是布局紧凑、换乘明了的枢纽，或是交通方式众多、颜色区分困难的枢纽，可不考虑功能区的颜色区分。

（2）信息分层。对于同一标志板上信息过多的情况，可采用信息分层的方法，比如交通功能类主要信息在上，洗手间、信息服务、餐饮等其他辅助信息在下，必要时还可做字体、标志大小上的差异化设置，以优先确保枢纽的交通换乘功能，并兼顾其他的如城市功能、生活服务功能等。

（3）方向一致。体现在导向标志的指向与实际方向应一致，确保换乘最为有效；街区图、平面布局图等的方位也应与实际方位一致，确保方向理解无误。

此外，对于箭头、文字、图符等细节的设置，也应做出统一的规定。

第 2 章

枢纽换乘导向系统设计总体要求

2.1 系统构成

综合客运枢纽换乘导向系统设计的基本单元和主要对象是导向要素，各类导向要素由导向信息元素组合构成。

1 导向要素

根据综合客运枢纽的实际功能特点，换乘导向系统由以下导向要素构成：

（1）导向标志。由图形符号和（或）文字与箭头构成的，指示通往预期目的地行进方向的标志，用于引导旅客继续前行。

（2）位置标志。由图形符号和（或）文字构成的，标明服务功能或设施所在位置的标志，用于告知旅客已经到达目的地。

（3）综合信息标志。各区域相互位置间的图解信息标志及告知旅客行动的必要条件、附带条件的信息标志，使旅客清晰地了解枢纽的整体布局、车站周边信息及行动所需条件。其包括平面示意图、街区导向图、信息索引标志、公交导乘图等。

（4）其他标志。在导向系统中具备特定功能或起到辅助作用的导向要素，一般起到安全疏散引导、辅助特殊人群、完善空间环境等作用。其主要包括三类：一是安全标志，二是无障碍设施标志，三是便携印刷品。

2 导向信息元素

换乘导向系统中的各类导向要素由导向信息元素组合构成，导向信息元素包含：

（1）图形符号（方向符号除外）。

（2）方向符号（箭头）。

（3）文字（中、英文）。

（4）颜色。

2.2 总体原则

1 系统设计规范

换乘导向系统的设计应遵循国家公共信息导向的相关标准规范（详见附录 1）。

换乘导向系统中，不同导向要素应相互配合和补充，其信息内容应保持一致，形成一个较为稳定、连贯的体系。

换乘导向系统的外观和所使用的导向信息元素（图形符号、文字、箭头、颜色）应保持风格一致。

2 传递信息连续

换乘导向系统布置应坚持“以人为本、以流为主”的设计原则，注重信息的连续性。

换乘导向系统的标志点位布置不能仅仅考虑单个标志，而是要将前后的标志关联起来统筹考虑，形成导向信息的前后呼应，各导向流线的各环节之间应保持连续一致，避免形成导向信息的断链。

在通道、区域没有明显分割的大空间内，导向标志应考虑在旅客的合理视觉范围内重复设置。

3 标志布局合理

标志应依据流线组织和旅客信息需求合理选择设置位置。

标志设置方向（标志本体的正面）要与主客流来向垂直。

从旅客所在位置至目的地，应尽可能缩短导向流程，减少流线改变方向，避免标志过度重复设置。

4 导向信息易辨

标志中的图形符号、箭头、文字等导向信息元素与所衬底色应有足够的对比度。

标志中导向信息元素的细节及其相关关系应能在最大观察距离处清晰分辨。

标志设置位置应避免被其他固定物体遮挡，垂直于客流流线不宜设置广告，标志平面边缘 2m 范围内不宜设置广告。

标志在光线不佳和夜间使用时，应保证有足够的照明或使用内置光源，方便旅客识别。

5 辅助导向多样

鼓励合理运用多种换乘导向要素和辅助导向方式，如提供换乘导向手册、城市主要目的地导向卡片（小纸条）、导向电子显示屏、开发换乘导向 APP（应用程序）或微信公众号、提前在网络上发布换乘攻略等。各枢纽可根据实际情况，决定是否在导向设计时赋予枢纽内各交通方式统一的身份标志色。

2.3 设计流程

换乘导向系统的设计流程包括概念设计、深化设计、工艺设计三个阶段。

1 概念设计阶段

概念设计阶段，需要重点明确换乘导向系统的设计风格，主要成果中需要包含设计范围、设计原则、设计依据、标准设计元素，以及各类导向要素的设计样式等内容。

2 深化设计阶段

深化设计阶段，进一步对枢纽公共空间内的各类流线进行分析，重点明确标志点位布置和标志信息，主要成果中需要包含流线图、节点图、布点图、标志信息清单、标志样式等内容。

3 工艺设计阶段

工艺设计阶段，按照施工要求，明确设计文件中所有导向要素的材质和安装方式等，主要成果中需要包含各类导向要素的结构、材质、制作工艺等内容。

第3章

枢纽换乘导向系统标志点位布置

3.1 布置对象与要点

综合客运枢纽换乘导向系统标志点位布置应坚持“以人为本”的思想，在深入了解旅客换乘空间中对信息需求特性的基础上，体现“统一流线、以流为主、连续导向”的原则，严格按照旅客交通流线方案布置。

3.1.1 标志点位布置对象

枢纽换乘导向系统标志点位布置的对象包括导向标志、位置标志、综合信息标志和其他标志。

1 导向标志

导向标志的作用区间是旅客换乘流线的流线区间，即导向标志位于流线起终点之间来引导旅客完成换乘。因此，导向标志的设置位置选择是基于旅客流线分析后，针对旅客在不同流线区间的信息需求内容，按一定的间隔连续地设置，特别是在旅客做出方向选择和决策的节点处，应适当加密导向标志密度，避免出现引导信息链的中断。另外，重要的导向标志应设置在旅客通行区域各个空间转换点的中线位置，并与旅客流线垂直。

2 位置标志

位置标志作用点即为旅客流线的起点和终点，也就是旅客需要接受服务的终端。综合客运枢纽系统内包含集散设施、通道设施、票务设施、公共服务设施等，这些设施涵盖了所有的旅客流线起点和终点（包括各种出入口）。因此，位置标志应设置在相应设施的上方、墙面、立柱或附近位置。

3 综合信息标志

综合信息标志一般设置在多条旅客流线交织的空间，或是旅客流线中需求信息量大的节点。根据旅客流线分析和需求分析，确定设置综合信息标志的节点主要包括：枢纽出入口、各交通方式功能区的出入口、公共换乘区、换乘通道等（图 3-1）。尤其是落客区，应在适宜的地方设置综合信息标志，以减少旅客在落客区的停留时间和往返次数，达到旅客有序出站和快速疏散的目的，但设置位置应以不阻挡主要旅客流线行进为前提。

a）上海南站广场入口的综合信息标志

b）北京南站换乘通道内的综合信息标志

图 3-1　上海南站广场入口及北京南站换乘通道内的综合信息标志

4 其他标志

对于导向系统中具备特定功能或起到辅助作用的标志，如安全标志，应与其他标志相剥离，建议自成体系，以减少对其他标志正常运作的干扰；无障碍设施的系列标志可以根据实际情况与导向标志、位置标志组合设置；便携印刷品可以根据旅客需求，灵活动态调整形式与内容。

3.1.2　标志点位布置要点

1 信息分级

根据旅客在不同出行阶段对导向信息的需求，可将枢纽功能区或设施信息进行分级，并在系统设计时分类使用，如表 3-1 所示。

枢纽信息分级表　　表 3-1

等　级	信息内容	具体内容
一级信息	枢纽内各大主要功能区	铁路站、汽车客运站（旅游集散中心）、城市候机楼、地铁站（城铁站）、公交车站、出租车站、站前广场、停车场等
二级信息	各交通功能区的内部子功能区	铁路站售票厅、候车厅、进出站口、检票口、服务台；汽车客运站内售票厅、候车厅、进出站口、检票口、服务台；地铁站（城铁站）的不同线路、公交车站的不同站台或线路等
三级信息	分散布置的服务设施	警务室、信息服务台、咨询台、卫生间、餐饮店、商铺等

在导向系统设计时，应结合换乘区域的位置，与各大主要功能区及其内部子功能区的距离，合理选择导向信息内容。

2 编号与命名

（1）当进站口、出站口、站台、售票处等同一功能区域有多个点位时，各点位标志应编号。

（2）编号宜采用数字、字母或数字与字母组合的方式。

（3）当需要编号的位置少于 4 个时，可以按照东、西、南、北方位进行编号；当需要编号的位置较多时，按照数字编号从小到大顺时针排列。

3 视线与视角的布置

为保证标志醒目，在最大观察距离处，标志设置的位置与视线正方向间的偏移角宜在 5° 以内，最大偏移角不应大于 15°（图 3-2）。如果标志安装位置受条件限制无法满足偏移角的要求，应增大标志的尺寸。当抬头、低头（例如在上楼或下楼时）及转头时，视线正方向在各个方向旋转的角度最大可达 45°（图 3-3）。

最大观察距离的确定方法如图 3-4 所示，假设在 A 处和 B 处设置标志：如要求门口的观察者能看清标志，则最大观察距离分别为 L_{A1} 和 L_{B1}；如要求室内任何位置的观察者都能看清楚标志，则最大观察距离以室内离标志最远位置的观察者为准，分别为 L_{A2} 和 L_{B2}。

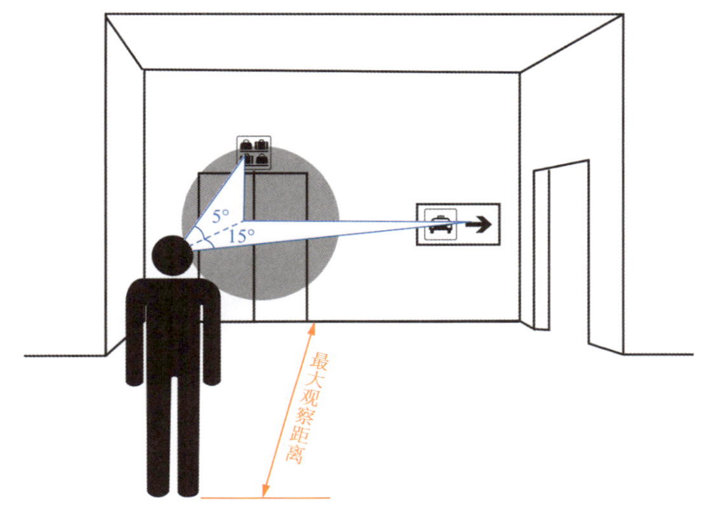

图 3-2　视线偏移范围示意图

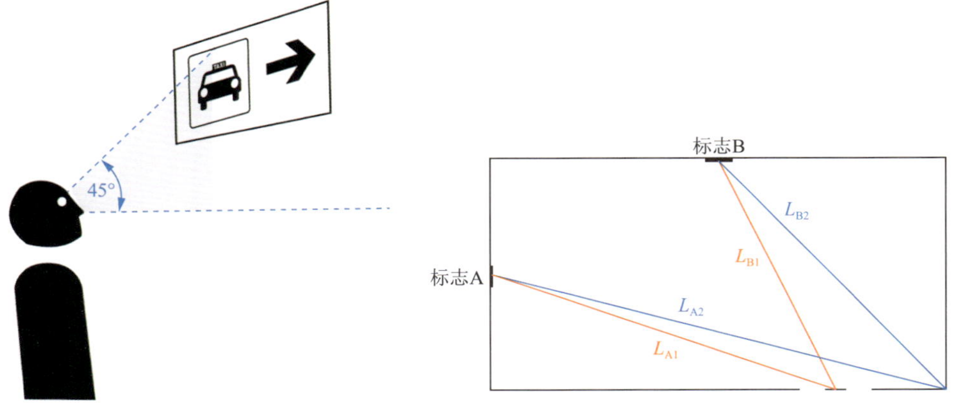

图 3-3　视线正方向旋转角度示意图

图 3-4　标志最大观察距离确定方法示例

标志设置应考虑旅客的视轴与标志形成的角度，这是决定旅客能否清楚读到标志内容的一个关键因素。视觉角度以 90° 为最佳，如果视觉角度处在上下或左右 45° 范围之外，则会增加视觉上的误读率，因此，在设定标志的高度、宽度、倾斜度时，无论是水平方向还是垂直方向，都应尽量避免和旅客的视觉角度形成大于 45° 的情况。当标志设置需要旅客视角偏移才能看到时，也可参照图 3-5、图 3-6 的方法确定标志设置的具体位置。

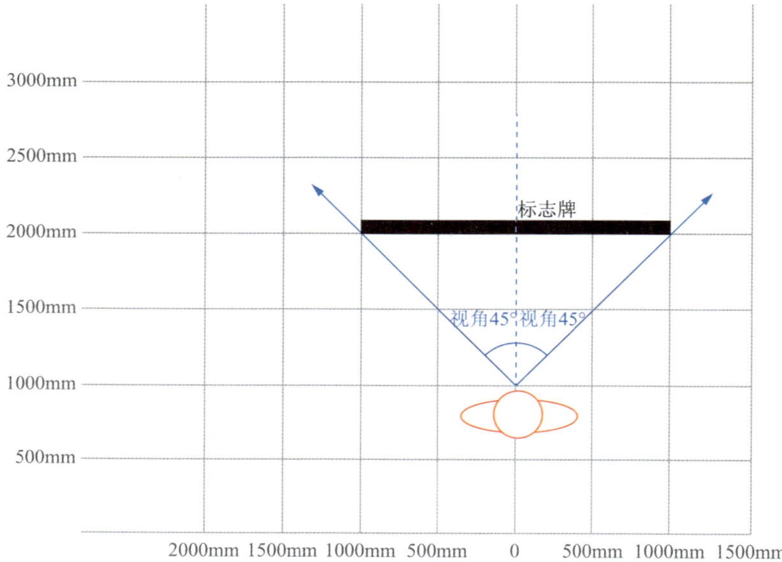

图 3-5　水平方向视角界定示意图

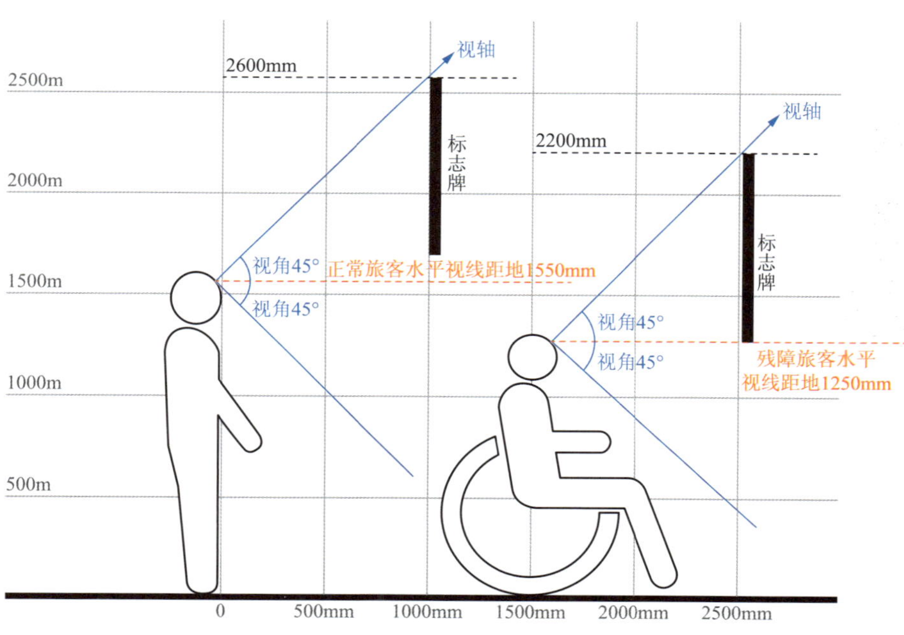

图 3-6　垂直方向视角界定示意图

4 标志设置高度

（1）标志的设置高度应满足旅客对视线偏角的有关要求（图 3-6）。

（2）导向标志贴附式安装时，标志载体的上边缘与地面之间的垂直距离不应小于 2000mm［图 3-7a）］，以保证标志上的信息不被遮挡。

（3）位置标志贴附式安装时，应将标志设置在水平视线的高度，即标志载体的上边缘与地面之间的垂直距离约为 1600mm。如果位置标志需要在更大距离上被识别，则标志载体的下边缘与地面之间的最小距离不应小于 2000mm［图 3-7b）］。

（4）位置标志悬挑式安装时，标志载体的下边缘与地面之间的垂直距离不应小于 2200mm［图 3-7c）］。

（5）标志吊挂式安装时，标志载体的下边缘与地面之间的垂直距离（最大净空高度）不应小于 2200mm［图 3-7d）、e）］。

（6）贴附式综合信息标志设置时，标志载体的下边缘与地面之间的垂直距离不应小于 600mm［图 3-7f）］。

（7）实际操作中应根据枢纽的空间规模、人流量大小等实际情况，对标志设置的最佳高度进行设计。

a）贴附式导向标志设置高度示意图

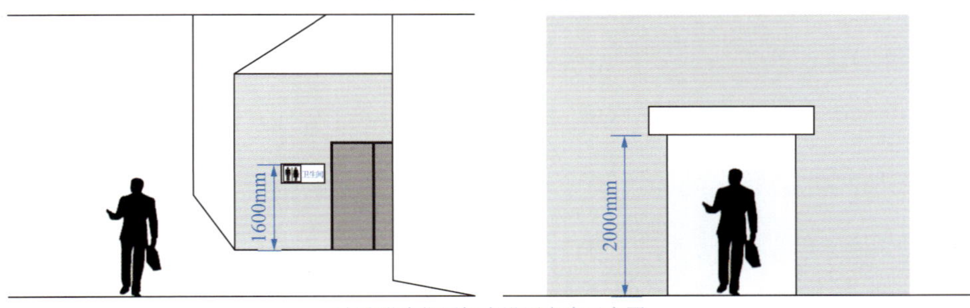

b）贴附式位置标志设置高度示意图

图　3-7

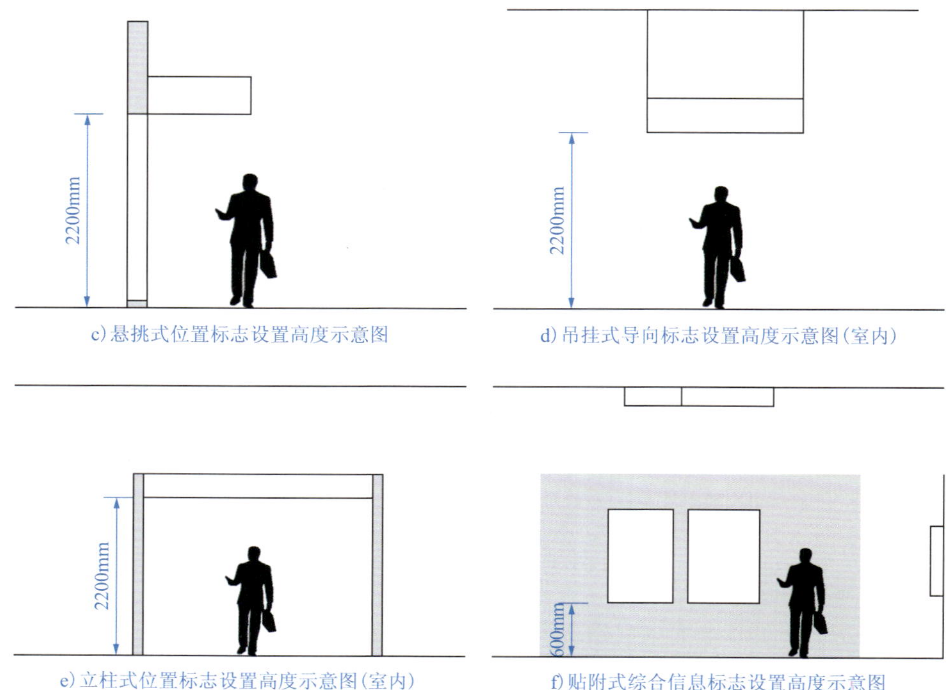

图 3-7　位置标志设置高度示意图

5 标志设置的间距

(1)在导向路径上所有需要做出方向选择的节点应设置导向标志;当导向路径很长时,即使没有节点,亦应以适当的间距重复设置导向标志。

(2)标志的设置间距可根据标志版面设施的大小、光线和照度、空间环境、观察距离等因素综合确定。一般情况,为行人服务的传递同一信息的导向标志在枢纽内间距应小于30m,在枢纽周边间距应小于200m。

6 标志与其他信息之间的区隔

(1)其他信息的设置不应影响标志的识别。

(2)垂直于客流流线方向不应设置广告。

(3)标志应独立设置,标志平面边缘2m范围内不应设置其他信息。

7 受限情况下的布置

（1）为了防止信息泛滥过载，在同一换乘处可以省略重叠信息，但是必须至少提供表示换乘方向的信息。

（2）当遇到设置标志困难的场合，在满足主要功能的前提下可以省略部分导向标志，但是要就近在有条件的位置补充省略的导向标志。

（3）在不良光线条件下，应保证足够的光源或使用内置光源。

3.2 点位布置方法

3.2.1　枢纽周边

1 设置范围

枢纽周边导向系统一般设置在枢纽周边一定范围内的公路、城市道路和重要公共服务设施处。

2 导向标志

（1）在枢纽周边临近的高速公路、国道、省道、县道和衔接枢纽的城市道路上，应连续设置枢纽导向标志，并应符合现行国家标准《道路交通标志和标线》（GB 5768）的规定。

（2）在枢纽周边一定半径范围内（宜 1 ～ 1.5km）的城市道路上，应连续设置客运场所机动车下客处标志和停车诱导标志。

（3）在各交通方式客运场所机动车出口外、枢纽周边道路上，应连续设置机动车指路标志。

（4）在枢纽周边一定半径范围内（宜 500 ～ 800m）的道路、公共交通站点等人流量较大的位置，应连续设置人行导向标志。

3.2.2 站前广场

1 设置范围

站前广场导向系统一般设置在整个站前广场，并可适当延伸至与站前广场临近的路口或公共交通站点（公共交通站点包括公共电车、公共汽车、出租车、地铁、轻轨等各类市内交通的站点）。

2 位置标志

（1）在站前广场范围内的交通设施和服务设施出入口处应醒目设置相应的位置标志。

（2）宜在站前广场适当位置醒目设置会合点位置标志。

3 导向标志

（1）仅当旅客在正常目视距离内看不到站前广场范围内的交通设施和服务设施的位置标志时，在站前广场要增设相应的导向标志，导向标志上宜标注相应的距离。

（2）站前广场的导向标志，应以提供一级信息（枢纽内各大主要功能区）为主，根据实际点位周边设施不同，适时提供二级信息（各交通功能区的内部子功能区）、三级信息（分散布置的服务设施）。

4 综合信息标志

（1）应在站前广场客流集中的位置醒目设置综合信息标志，包括平面示意图、街区导向图、信息索引标志等，标志宜集中、组合设置，并按照一定的逻辑关系排列，如按照区域范围大小组合设置公共交通导乘图、枢纽平面示意图、周边街区导向图，如图 3-8 所示。

图 3-8　综合信息集中组合设置示例图

(2)标志设计应符合最新版国家标准《公共信息导向系统　要素的设计原则与要求》(GB/T 20501)的规定,必要时宜采用三维绘图形式,视图角度与旅客在标志设置位置处实际的空间视角相一致。

(3)街区导向图应以枢纽为中心,依据枢纽实际情况提供周边一定范围内各类主要公共信息,包括主要道路、各类交通方式站点、公共设施的分布等,并应符合最新版国家标准《公共信息导向系统　要素的设计原则与要求　第 4 部分:街区导向图》(GB/T 20501.4)的要求。

3.2.3　换乘区域

1 设置范围

换乘区域导向系统一般设置在综合客运枢纽内供旅客换乘集散的场所,包括换乘大厅、换乘通道等换乘空间。

2 位置标志

枢纽换乘区域内的交通设施、服务设施、会合点等位置应醒目设置位置标志。

3 导向标志

（1）仅当旅客在正常目视距离内看不到换乘大厅、通道内交通设施和服务设施的位置标志时，在换乘大厅、通道内增设相应的导向标志。

（2）换乘区域内导向标志要结合点位周边实际情况，合理选择导向标志信息内容和信息层次。当与枢纽主要功能区距离较远时，应以提供一级信息（枢纽内各大主要功能区）为主；至相关功能区临近处，应适时提供二级信息（各交通功能区的内部子功能区）、三级信息（分散布置的服务设施）。

（3）换乘通道有自动步道设施时应设置导向标志。

4 综合信息标志

（1）应在换乘区域醒目位置设置综合信息标志，包括平面示意图、信息索引标志、公共交通导乘图、街区导向图等，标志宜集中、组合设置，并按照一定的逻辑关系排列，如组合设置枢纽分层平面示意图、所在层平面示意图、公共交通导乘图。

（2）在换乘大厅和通道的楼梯、扶梯、电梯等设施附近应设置信息索引标志（图 3-9），要给出楼层服务功能和服务设施的信息，视需要设置各楼层交通设施和服务设施平面示意图，并应符合最新版国家标准《公共信息导向系统　要素的设计原则与要求　第 7 部分：信息索引标志》（GB/T 20501.7）的要求。

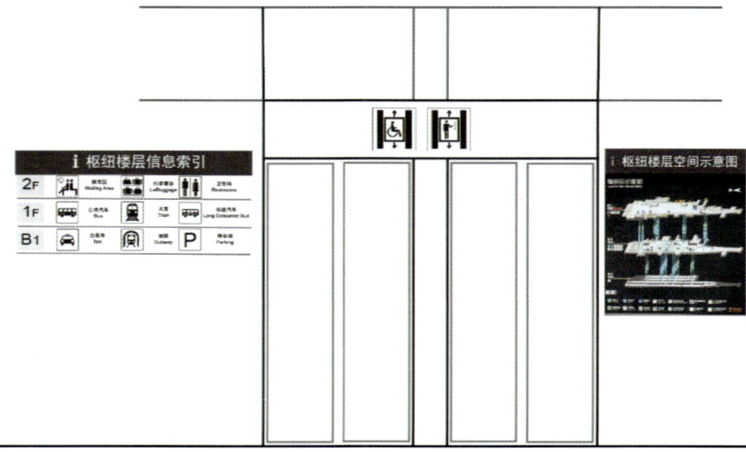

图 3-9　电梯处综合性信息设置示例

（3）在换乘大厅、通道的对外出口旁应设置枢纽周边街区导向图；当有多个出口时，应设置出口周边道路、公交站点和建筑信息标志，如图 3-10 所示。

图 3-10　出口周边道路和建筑信息标志示例

5 其他

（1）应在换乘区域客流集中的附近位置醒目设置咨询台或信息服务点。

（2）在换乘区域临近咨询台或者平面示意图的位置，宜摆放供免费阅读的便携印刷品。便携印刷品主要内容应包括：平面示意图、街区导向图、信息索引标志、公共交通导乘图等，并应符合最新版国家标准《公共信息导向系统　要素的设计原则与要求　第 5 部分：便携印刷品》（GB/T 20501.5）的要求。

3.2.4　进出站口

1 设置范围

进出口导向系统的设置范围包括铁路进出站口，以及枢纽内汽车客运、轨道交通、城市公交、出租车、汽车租赁、机动车停车场、非机动车停车场、城市候机楼、旅游集散中心等交通功能区的进出口。

2 位置标志

（1）在各交通功能区的进、出口上方应醒目设置相应的进、出口位置标志。

（2）在同一个功能区内进、出口较多时，宜对各个进、出口统一编号，并在进、出口的适当位置设置进、出口编号位置标志。

3 导向标志

（1）在铁路客运进出站口，汽车客运、轨道交通、城市公交、出租车、汽车租赁、机动车停车场、非机动车停车场、城市候机楼、旅游集散中心等交通功能区的进、出口处，应垂直于旅客进、出流线方向醒目设置导向标志。

（2）出口方向的导向标志宜以一级信息（枢纽内各大主要功能区）为主，同时结合点位周边布局情况，合理设置二级信息（各交通功能区的内部子功能区）、三级信息（分散布置的服务设施）。

（3）进口方向的导向标志宜以二级信息（各交通功能区的内部子功能区）为主，同时应结合点位周边布局情况，合理设置一级信息（枢纽内各大主要功能区）和三级信息（分散布置的服务设施）。

4 综合信息标志

在出口外侧，应醒目设置综合信息标志，包括平面示意图、街区导向图、信息索引标志、公共交通导乘图等。特别是公交场站分散布置时，出口外侧应提供公共交通线路详细信息。

5 其他

（1）在出口旁应设置咨询台，提供交通换乘、住宿服务、旅游咨询、旅游接待等服务，视需要提供便携印刷品。

（2）在出租车、公共汽车等公共交通场所下客区应设置下客处位置标志，在临近较大空间处设置枢纽交通和服务设施空间示意图、周边街区导向图等，同时应标明设置范围内的公共汽车、轨道交通车站的站名和线路。

（3）在出租车、公共汽车等公共交通场所上客区应设置上客处位置标志，宜在附近地面或墙壁等处，施划候车上客标线及排队指向的连续箭头，确保旅客有序上车。

（4）如进出口合并设置，宜在附近的电梯、通道地面或墙壁等处，施划进出区域标线及进出指向的连续箭头，以分开进出客流，使旅客有序进出。

（5）停车场出入口车行道应施划道路交通标志，引导进出的车辆按指定方向行驶。

3.2.5　其他标志点位布置

（1）安全标志

安全标志分为禁止标志、警告标志、指令标志和提示标志四大类。在有可能引发潜在危险或可能引起旅客伤害的处所设置安全标志，其设置要求应符合最新版国家标准《安全标志及其使用导则》（GB 2894）和其他相关国家标准的规定。

（2）无障碍设施标志

常见的无障碍设施标志包括：无障碍出入口、无障碍坡道、无障碍电梯、无障碍窗口、无障碍卫生间、无障碍电话、无障碍车位等。无障碍设施应设置无障碍位置标志，并应在进站和出站的流线上设置无障碍设施相关的导向标志，其设置要求应符合最新版国家标准《无障碍设计规范》（GB 50763）、《铁路旅客车站设计规范》（TB 10100）和《公共信息导向系统　设置原则与要求》（GB/T 15566）的有关规定。

（3）便携印刷品

便携印刷品通常摆放在导向范围的主要入口或咨询台等位置，以方便取用。

第4章

枢纽换乘导向系统标志版面设计

4.1 设计对象与要点

4.1.1 标志版面设计对象

标志版面设计的对象是导向信息元素，包括图形符号（方向符号除外）、方向符号（箭头符号）、文字（中、英文）和颜色，如图 4-1 所示。

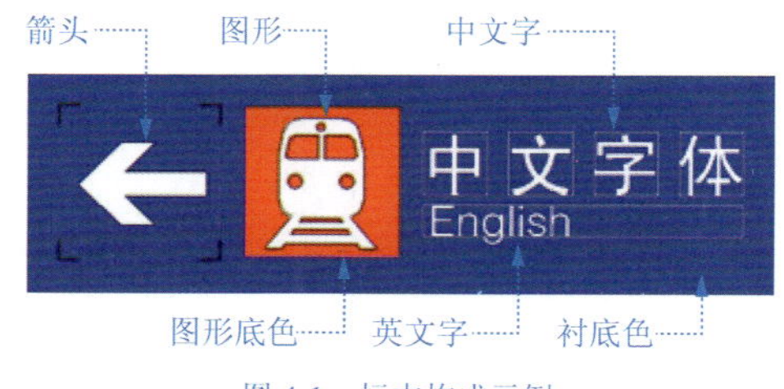

图 4-1　标志构成示例

4.1.2 标志版面设计要点

换乘导向系统标志设计应遵循国家公共信息导向标志的相关标准规范。换乘导向系统中不同类型标志应相互配合和补充，其信息内容应保持一致，形成一个较为稳定连贯的体系。

1 图形符号

图形符号是一种既有感性，又有理性内容和含义的符号，在一定的范围内能迅速准确地传达出特定的视觉信息，起到文字和色彩都不能替代的作用。

（1）在标志版面设计时，应优先使用图形符号传递信息。图形符号应首选国家标准《标志用公共信息图形符号　第 3 部分：客运货运符号》（GB/T 10001.3—2011）和《标志用公共信息图形符号　第 10 部分：通用符号要素》（GB/T 10001.10—2014）的图形符号（具体图形符号参见表 4-1 和附录 3）。使用国家标准图形符号时，仅可对其进行等比例放大或缩小，并宜通过边线或衬底色形成明确的符号区域。

部分图形符号示例　　表 4-1

图形符号	含　义	说　明
	公共汽车 Bus	表示提供公共汽车服务的场所
TAXI	出租车 Taxi	表示提供出租车服务的场所
	地铁 Subway	表示地铁车站或提供地铁运输服务
	会合点 Meeting Point	表示会合、约见的场所或位置
	卫生间 Restrooms	表示卫生间或其位置； 需要根据男、女卫生间的实际位置使用本符号或其镜像符号

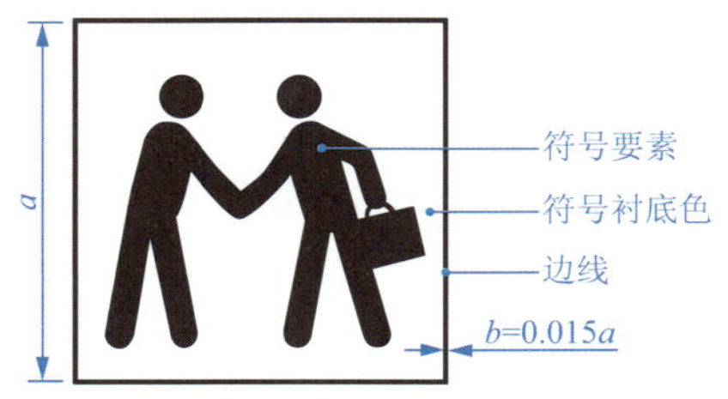

图 4-2　图形符号的构成示例

（2）图形符号区域为图形符号边线内的正方形区域或符号衬底色形成的正方形区域，如图 4-2 所示。符号区域的四角可为直角或圆角，其边长为图形符号尺寸（用字母 *a* 表示）；边框宽度（用字母 *b* 表示）应为图形符号尺寸 *a* 的 0.015 ～ 0.03 倍；在符号区域内不应添加文字等其他导向信息元素。

（3）设计新的图形符号时应符合最新版国家标准《标志用图形符号表示规则　第 1 部分：公共信息图形符号的设计原则》（GB/T 16903.1）的规定，并应按照《标志用图形符号表示规则　第 2 部分：理解度测试方法》（GB/T 16903.2）和《标志用图形符号表示规则　第 3 部分：感知性测试方法》（GB/T 16903.3）的规定对图形符号进行测试。

2 方向符号

方向符号通常用箭头来表达，往往和图形符号一起使用。随着国内外交流的日益频繁，规范、统一的图形符号和箭头，对于更好地服务旅客出行具有重要意义。

（1）方向符号应使用最新版国家标准《标志用公共信息图形符号　第 1 部分：通用符号》（GB/T 10001.1）中规定的图形（方向符号的角标仅用于箭头图形的定位）。实际使用中方向符号不宜带有边线或独立的衬底色。

（2）方向符号的尺寸 *a* 为角标所确定范围的正方形边长。箭头图形可在角标范围内等比例放大，但是放大的箭头图形不应超出角标所确定的正方形范围［图 4-3b）］。

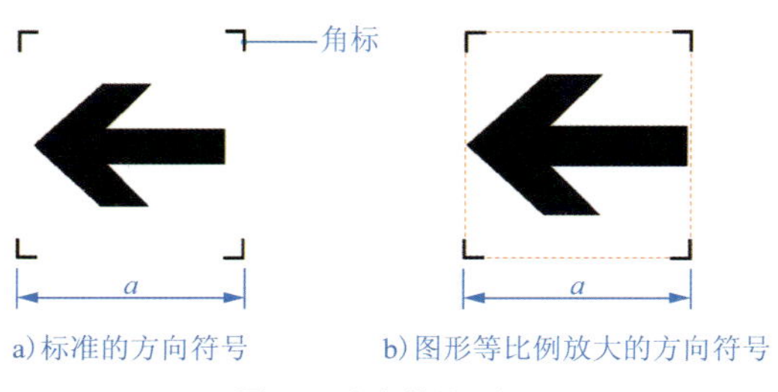

a）标准的方向符号　　b）图形等比例放大的方向符号

图 4-3　方向符号示例

（3）方向符号仅应表示人员行进的方向，不同指向的方向符号的含义应与表 4-2 的规定相符合。

不同指向的方向符号含义　　表 4-2

方向符号	含　义	方向符号	含　义
	向前行进； 从此处通过并向前行进； 从此处向上行进		从此处向下行进
	向左上行进； 向左前行进（仅在不可能与“向左上行进”混淆时使用）		向右上行进； 向右前行进（仅在不可能与“向右上行进”混淆时使用）
	向左行进		向右行进
	向左下行进		向右下行进

（4）在国家标准的基础上，可增加掉头方向符号，表示向相反方向行进，如图 4-4 所示。

图 4-4　掉头方向符号示例

3 文字

文字作为一种视觉符号，具有十分完善和严密的信息表达功能，在视觉信息传递中的地位和作用是不可替代的。枢纽换乘导向系统是服务于活动中旅客的标志系统，标志文字应采用人眼更易识别的字体。依据欧美国家的长期研究和使用效果，无装饰线字体以其简洁明了、易于识别、具有极强传达性的特征，更适合于公共设计类项目。汉字黑体作为一种汉字无装饰线体，由于笔画粗细统一、结构方正明确，在视觉上易被识别，从而传达信息快速明了；在一定尺寸和距离范围内，更便于行进中的人深刻记忆。

（1）标志中使用文字时，表述应简洁、明确，设计应符合最新版国家标准《公共信息导向系统　导向要素的设计原则与要求　第 1 部分：总则》（GB/T 20501.1）的相关规定。

（2）文字应首选中文。同时使用两种语言文字时，第二种文字宜使用英文。在少数民族自治地区可增加当地通用的民族文字。标志版面设计中，同时使用的语言文字种类不宜超过 3 种。

（3）使用文字时，中文应使用简体汉字；英文除介词、连词外，其他单词的首字母宜大写，也可所有字母大写。

（4）文字的字体应容易识别，并能在最大观察距离处清晰分辨。中文字体宜使用黑体；英文字体宜选用无衬线字体（如 Arial 字体）。字体粗细宜为常规字体或半粗体，见表 4-3。

（5）标志中需要使用数字表示序号或编号时，宜使用阿拉伯数字。

（6）文字在标志中宜横向排列，见表 4-3。

文字样式说明　　表 4-3

字　体	字体示例	应用说明
中文字体 简体汉字，黑体	**停车场**	中文字体选用简体汉字黑体； 文字横向排列； 在字数多的情况下允许适当调整字形比例，但缩窄变形比例不应小于 80%
英文字体 首字母大写，Arial	Parking	英文字体选用 Arial 字体； 统筹情况下用单词首字母大写形式； 在字数多的情况下允许适当调整字形比例，但缩窄变形比例不应小于 60%
数字字体 阿拉伯数字，Arial	1　2　3	数字字体选用 Arial 字体； 不适宜对字形比例进行调整

文字应用示例如图 4-5 所示。

图 4-5　文字应用示例

4 颜色

色彩学研究表明，外界的一切视觉形象都是通过色彩和明暗关系来反映的，色彩的识别作用比造型强，即所谓“远看颜色近看花”。从视觉对物体的感知效果看，在大面积的同色背景上，具有其他颜色特征的图案更容易吸引注意力。同时，人对色彩的记忆率与背景色有关，与背景对比强烈者易记，对比微弱者难记，所谓“万花丛中一点红”就是这个道理。根据发达国家的经验，为不同交通方式或线路赋予不同的标志色，有利于旅客快速识别乘车换乘路线及所处空间位置。日本色彩学家佐藤亘宏研究认为：黑底白图、白底黑图、蓝底白图、绿底白图、红底白图、灰底黄图、黄底黑图等都是易见度高的色彩搭配。因此，在标志版面设计时，采用易见度高的色彩搭配，不仅能提高视觉传播的速度，还能利用其较高的记忆率，增强换乘导向系统的导向功能。

（1）在标志版面设计时，颜色的使用应符合最新版国家标准《公共信息导向系统　导向要素的设计原则与要求　第 1 部分：总则》（GB/T 20501.1）的相关规定。

（2）标志中的图形符号使用边线时，边线颜色应与符号要素颜色相同。当图形符号含有否定要素时，如图 4-6 所示，否定要素的颜色应为红色，其他符号要素的颜色宜为黑色或白色。

图 4-6　含有否定要素的图形符号示例

（3）更改符号颜色时，不应使用最新版国家标准《图形符号　安全色和安全标志　第 1 部分：安全标志和安全标记的设计原则》（GB/T 2893.1）中规定的安全色和安全形状，以避免与安全标志产生混淆。标志颜色设计时，应考虑色盲和弱视人群的有限识别能力。

（4）标志使用内置光源时，应在深色背景上使用浅色图形符号、箭头或文字，同时宜适当降低背景色与其颜色间的对比度，以避免因对比度太强而影响图形符号、箭头或文字的清晰显示。例如，与在黑色背景上使用白色符号相比，在蓝色背景上使用白色符号在视觉上更为清晰。

（5）对于大中型枢纽，可以视情况为枢纽内各交通方式统一身份标志色，但需结合枢纽建筑风格选择颜色。

4.2 标志版面设计

4.2.1 位置标志

位置标志版面设计应符合最新版国家标准《公共信息导向系统　导向要素的设计原则与要求　第2部分：位置标志》（GB/T 20501.2）的相关规定。

1 单一图形符号构成的位置标志

位置标志的最小外形尺寸为 $1.33a \times 1.33a$，a 为图形符号尺寸（图 4-7）。

图 4-7　单一图形符号构成的位置标志示例

2 主图形符号和辅助图形符号构成的位置标志

（1）辅助图形符号对主图形符号的含义起到补充说明作用。辅助图形符号的尺寸通常小于主图形符号的尺寸，也可以与主图形符号的尺寸相同。

（2）辅助图形符号小于主图形符号尺寸时，辅助图形符号宜位于主图形符号的右侧或左侧，且符号下沿对齐，辅助图形符号尺寸宜为主图形符号尺寸 a 的 0.5 ～ 0.7 倍，如图 4-8 所示。

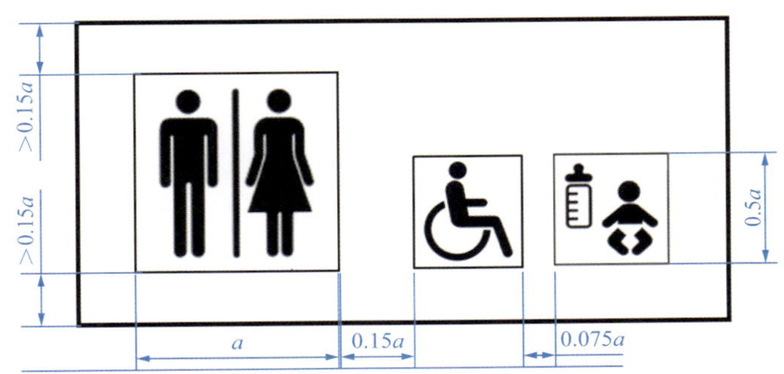

图 4-8　辅助图形符号小于主图形符号的位置标志示例

（3）辅助图形符号与主图形符号尺寸相同时，辅助图形符号不应多于一个；辅助图形符号应位于主图形符号右侧；主图形符号与辅助图形符号公用边线，两个符号间使用竖线分隔；分割线的两端不应与符号边线相接，分割线的线宽不应小于符号边线线宽，如图 4-9 所示。

图 4-9　辅助图形符号与主图形符号尺寸相同的位置标志

3 图形标志与辅助文字标志构成的位置标志

图形符号与其辅助文字之间的位置关系和尺寸比例，以及辅助文字的有关要求应符合最新版国家标准《公共信息导向系统　导向要素的设计原则与要求　第 1 部分：总则》（GB/T 20501.1）的有关规定，如图 4-10、图 4-11 所示。

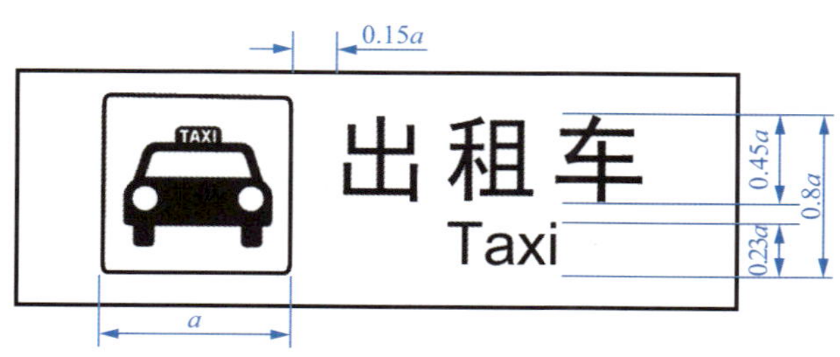

图 4-10　图形符号与横向排列的辅助文字符号构成的位置标志 1

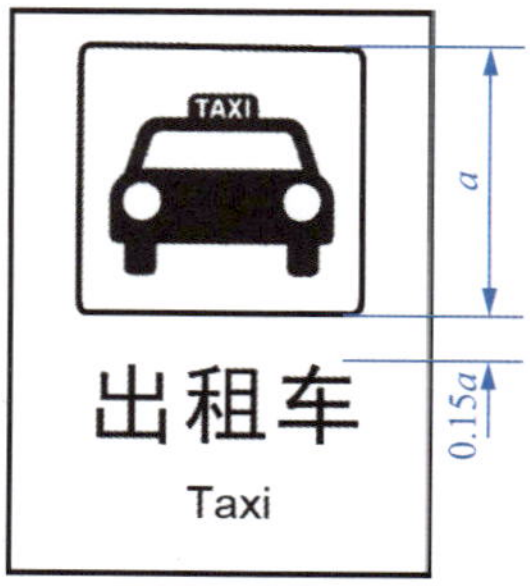

出租车
Taxi
TAXI
a
0.15a

图 4-11　图形符号与横向排列的辅助文字符号构成的位置标志 2

4 位置标志的组合

（1）两个单独的图形符号相邻时，图形符号宜横向排列，符号间距应符合《公共信息导向系统　导向要素的设计原则与要求　第 1 部分：总则》（GB/T 20501.1—2013）中第 8.3 条的规定，如图 4-12 所示。

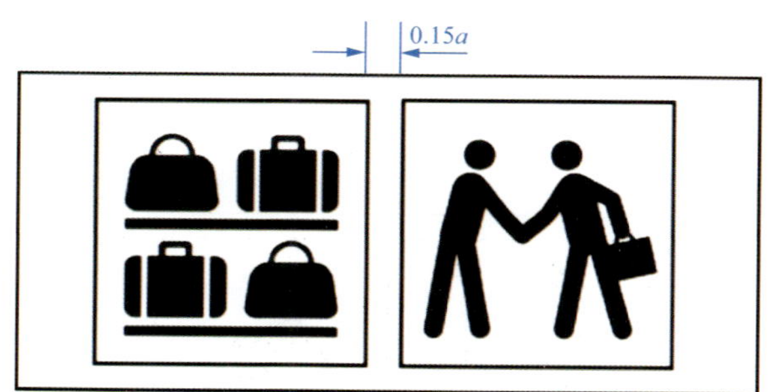

图 4-12　由图形符号构成的位置标志组合示例

（2）图形符号与另一图形符号附带的文字相邻时，其间距不应小于 0.3a，且应大于图形符号与文字的间距，如图 4-13 所示。

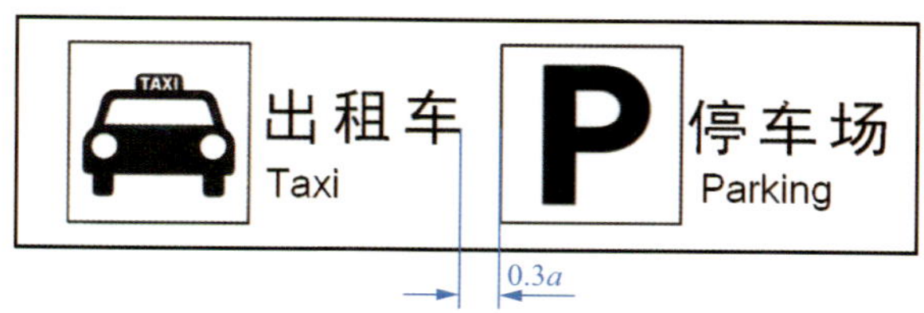

图 4-13　由图形符号及辅助文字构成的位置标志组合示例

4.2.2　导向标志

导向标志版面设计应符合《公共信息导向系统　导向要素的设计原则与要求　第 6 部分：导向标志》（GB/T 20501.6—2013）的相关规定。

1 箭头符号与图形符号构成的导向标志

（1）箭头符号使用应符合《公共信息导向系统　导向要素的设计原则与要求　第 1 部分：总则》（GB/T 20501.1—2013）中第 6.2 条的规定。

（2）箭头符号与图形符号宜横向排列。箭头符号与图形符号应具有相同的图形符号尺寸 a。如图 4-14 所示，图形符号与箭头符号的位置关系遵守以下规则：

①箭头指左向（含左上、左下），图形符号应位于右侧；

②箭头指右向（含右上、右下），图形符号应位于左侧；

③箭头指向上或向下，图形符号宜位于右侧。

图 4-14　图形符号与箭头符号组合示例

（3）当导向标志含有两个或多个独立含义的图形符号时，图形符号的间距应相同，且宜从箭头符号所在位置起按照图形符号所示对象的实际位置由近及远排列，如图 4-15 所示。

图 4-15　包含多个图形符号的导向标志示例

2 箭头符号与带有辅助文字的图形符号构成的导向标志

（1）箭头符号与图形符号及其文字宜横向排列，箭头符号应与图形符号相邻。图形符号与辅助文字间的关系应符合《公共信息导向系统　导向要素的设计原则与要求　第 1 部分：总则》（GB/T 20501.1—2013）中第 7.3 条、第 7.4 条和第 8.4 条的规定，如图 4-16 所示。

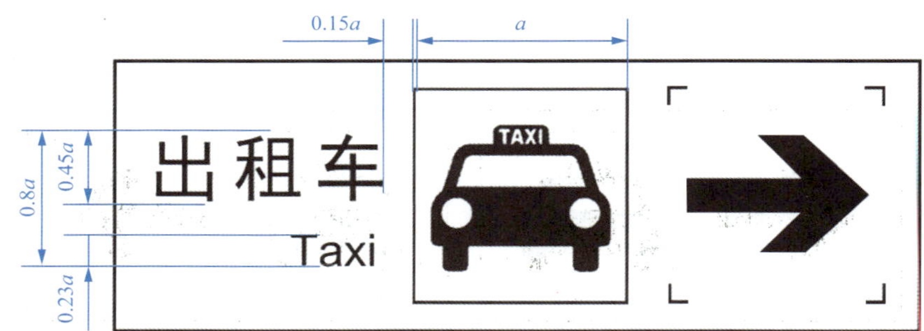

图 4-16　箭头符号与带有辅助文字的图形符号构成的导向标志示例

（2）两个或多个图形符号都带有文字时，有图形符号及其辅助文字构成的信息单元之间的间距不应小于信息单元内部的设计间距且不应大于 0.3a。

①当图形符号纵向排列时，辅助文字宜位于图形符号的右侧或左侧，箭头符号与最上方的图形符号横向排列，如图 4-17 所示。

②当图形符号横向排列时，辅助文字宜位于图形符号下方，如辅助文字位于图形符号的右侧或左侧时，一个导向标志中由图形符号及其辅助文字构成的信息单元数量不宜超过 3 个，如图 4-18 所示。

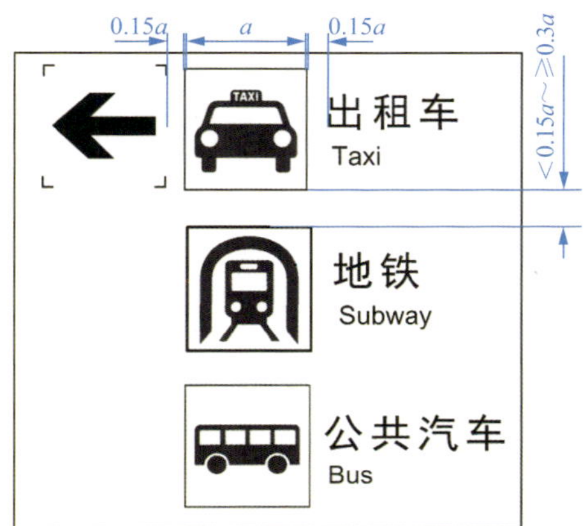

图 4-17　导向标志中图形符号及其辅助文字竖向排列示例

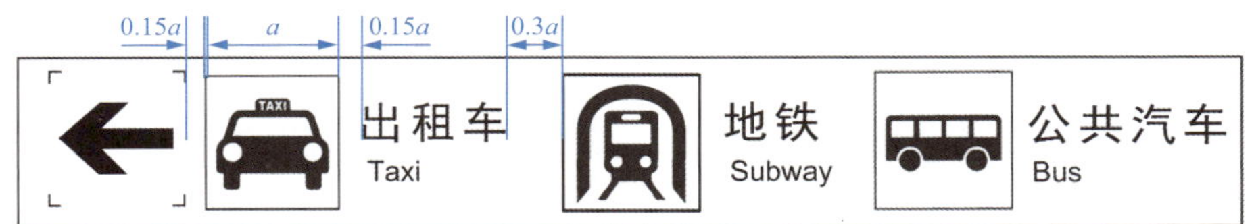

图 4-18　导向标志中图形符号及其辅助文字横向排列示例

（3）带有辅助文字的图形符号与数字的组合。

辅助文字中出现数字符号时，数字的高度为图形符号的 0.9 倍，且数字符号始终紧邻文字。两个以上的数字符号为并列关系时，两两之间用符号“▪”居中分隔。两个数字符号表示一个数字范围时，数字符号之间用符号“—”居中分隔，如图 4-19 所示。

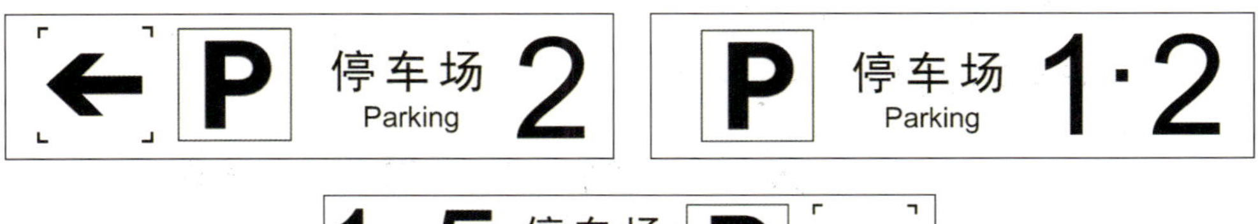

图 4-19　包含数字信息的标志组合设计示例

符号“▪”——符号为正方形，高度应为数字符号笔画宽度的 1.2 倍。

符号“—”——符号为长方形，长高比为 3 ∶ 1，高度与数字符号的笔画宽度保持一致。

（4）导向标志的组合。

①组合在一起的导向标志宜具有相同的基准尺寸 a，如图 4-20 所示。两个不同指向的导向标志左右组合时，导向标志间的空白距离不应小于 a。如果两个导向标志的间距小于 a，应用分割线区分两个导向标志。各导向标志与分割线的间距不应小于 $0.2a$。分割线的长度不应小于 a，宽度不应小于符号边线的宽度。

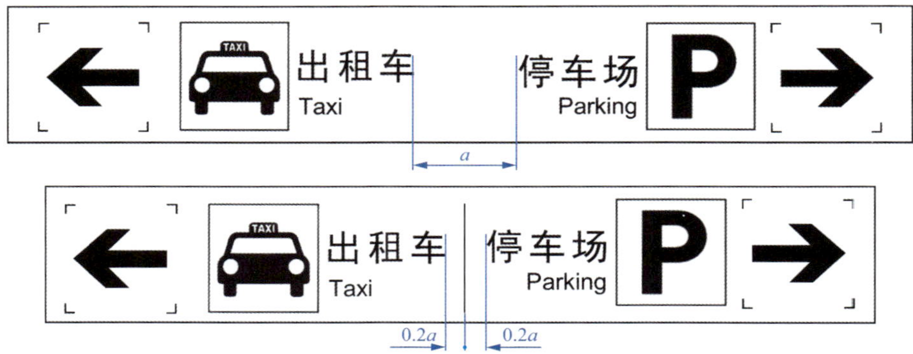

图 4-20　两个不同指向导向标志左右组合的示例

②多个不同指向的导向标志组合时，各导向标志宜以图 4-21 所示的方式布置。其中箭头符号指向为向上、左上、向左和向下的导向标志宜靠左侧布置，箭头符号指向为右上、向右和右下的导向标志宜靠右布置。

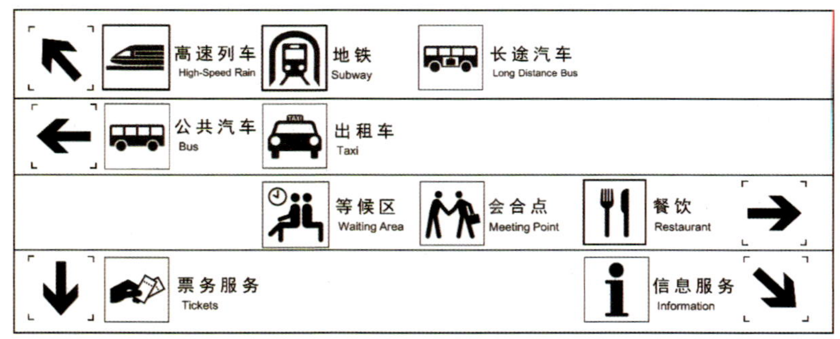

图 4-21　多个不同指向导向标志的组合示例

③当标志单体所有版面信息呈多行排列，且引导方向相同时，应省略相同指向的箭头符号，各导向信息间应以如图 4-22 所示的方式布置，且交通设施符号置于上方。

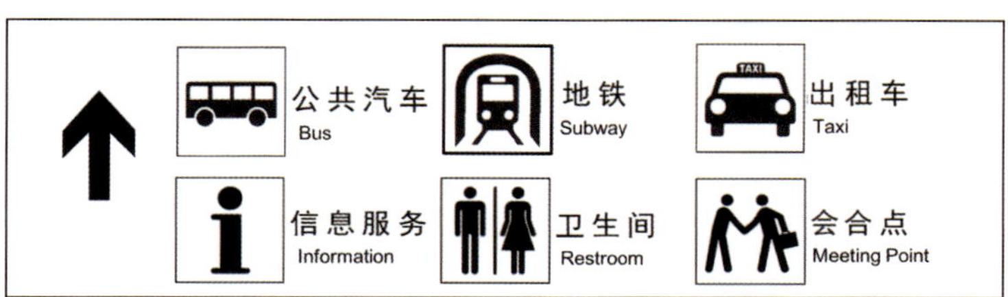

图 4-22 多个相同指向导向标志的组合示例

4.2.3 综合信息标志

综合信息标志按照设置的位置分为户外综合信息标志和室内综合信息标志，按照标志内容主要分为街区导向图、平面示意图、公共交通导乘图、信息索引标志等。

1 街区导向图

（1）街区导向图是以公共信息图形符号、文字以及颜色等表达方式向旅客展示主要自然地理信息、公共设施位置分布信息和导向信息的图，能帮助旅客确定所在位置和了解周边环境的整体情况，并提供下一步行进方向的参考信息，如图 4-23 所示。

图 4-23 街区导向图示例

（2）地图的表现采用二维平面示意图的形式。地图显示内容应以枢纽站为中心，覆盖车站周边方圆 2km^2 范围。街区导向图中的图形符号、文字等均应符合最新版国家标准《公共信息导向系统 导向要素的设计原则与要求 第 1 部分：总则》

（GB/T 20501.1）中的相关规定。

（3）街区导向图中提供三类信息：公共设施位置信息、公共设施导向信息以及道路信息。

（4）街区导向图宜有整体的图廓，所有内容应在图廓内；图名应醒目，位置紧邻主图。辅图和图例的位置应在主图区域外，并且不影响主图的可视性和清晰性。辅图和图例的幅面尺寸之和不应超过主图的幅面尺寸。图例宜紧邻图廓下边缘或图廓右边缘；辅图宜紧邻图廓下边缘。比例尺的位置宜为主图区域下侧。

（5）街区导向图相关图名、主图、底图等具体要求详见最新版国家标准《公共信息导向系统　导向要素的设计原则与要求　第 4 部分：街区导向图》（GB/T 20501.4）。

2 平面示意图

（1）平面示意图主要用于标示出枢纽内部设施的位置分布信息，让旅客能够了解自身所处枢纽的整体情况以及自己所在的位置，为旅客选择行进方向提供参考。

（2）平面示意图应包括图名和主图，宜包含图例和概览图，如图 4-24 所示。

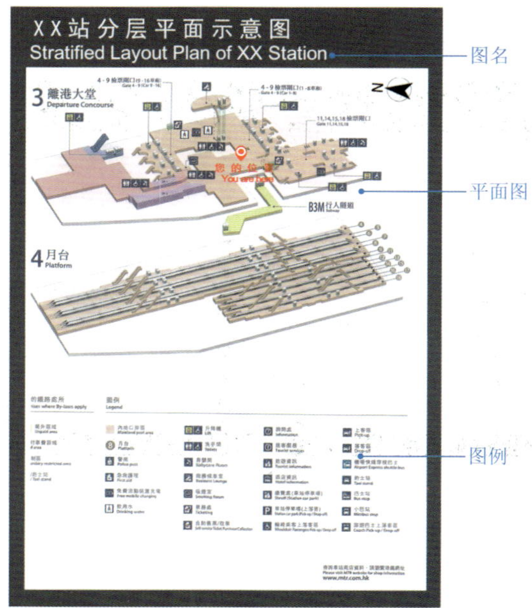

图 4-24　平面示意图示例

（3）图名、主图等详细设计时，具体要求见最新版国家标准《公共信息导向系统　导向要素的设计原则与要求　第 3 部分：平面示意图》（GB/T 20501.3）。

（4）主图中应标出观察者所在位置，观察者所在位置即平面示意图的使用者在观看该图时所在的位置，观察者的位置信息应同时使用符号（例如●、★、◉）和文字（中文如“您的位置”或“您在此”等，英文如“You are here”或“You”等）标出，符号的形状和颜色应在主图中醒目且唯一。

（5）平面示意图上应设计指北针，推荐使用的指北针符号如图 4-25 所示。应在符号中箭头前方标注“北”字或大写英文字母“N”，指北针通常位于平面示意图上的一角，如图 4-25 所示。

图 4-25　推荐使用的指北针符号示例

（6）平面示意图的方位应与实际方位一致，例如，位于图中观察者左侧的设施，在实际环境中也应位于观察者的左侧。

（7）在平面示意图适当位置处宜配二维码扫描功能，供直接查看枢纽平面图、立体图等。

3 公共交通导乘图

（1）公共交通导乘图由图名、公共交通导乘图（站点分布、线路信息等）和图例三部分组成，如图 4-26 所示。图名、图例等详细设计要求同平面示意图。

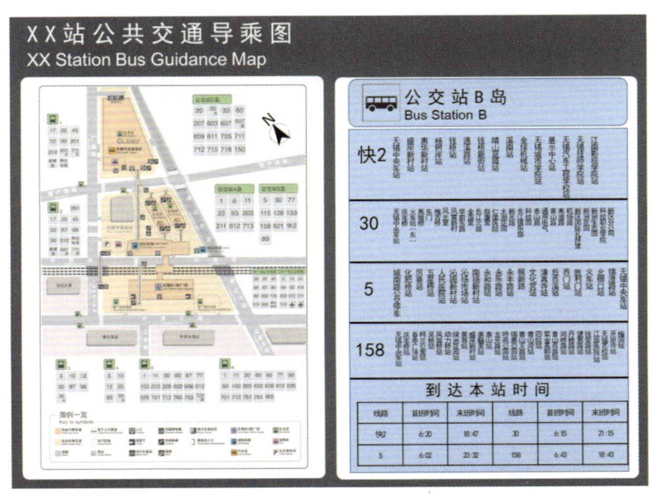

图 4-26　公共交通导乘图示例

（2）公共交通导乘图应详细反映枢纽内公交场站分布及具体线路情况。视情况可适当增加周边公交站点及线路分布情况。

4 信息索引标志

（1）信息索引标志宜由三部分组成：标志名（信息索引标志的称谓）、位置信息（信息索引标志中功能信息所在的区域或位置）、功能信息（信息索引标志所要给出的服务功能或服务设施信息），如图4-27所示。

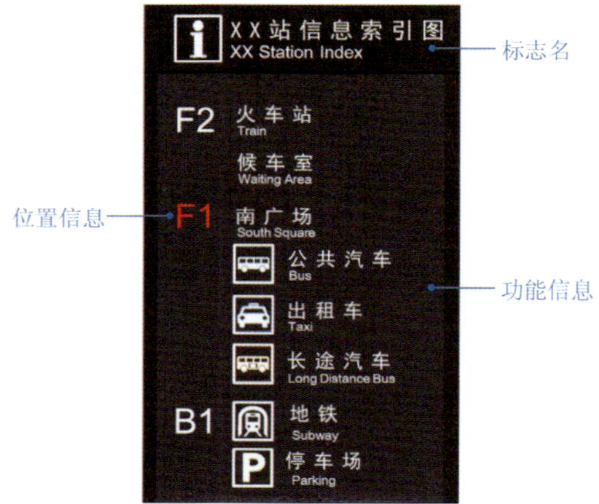

图4-27　信息索引标志示例

（2）信息索引标志中相关设计原则及设计要求应符合最新版国家标准《公共信息导向系统　导向要素的设计原则与要求　第7部分：信息索引标志》（GB/T 20501.7）的相关规定。

4.2.4　其他标志

1 安全标志

（1）安全标志的作用是使影响安全与健康的对象或环境能够迅速地引起人们的注意，并使特定信息获得快速的理解。

（2）安全标志常用的几何形状及安全色含义，如表4-4所示。

安全标志的几何形状、安全色和对比色　　表 4-4

几何形状	含　义	安全色	安全色的对比色	图形符号色	应用示例
带有斜杠的圆形	禁止	红色	白色	黑色	禁止吸烟 禁止应用 禁止触摸
带有弧形转角的等边三角形	警告	黄色	黑色	黑色	当心烫伤 当心触电
正方形	安全 状况	绿色	白色	白色	急救点 紧急出口 避险处
正方形	消防 设施	红色	白色	白色	火警电话 消防梯 灭火器

注：白色包含在日光条件下具有《图形符号　安全色和安全标志　第 4 部分：安全标志材料的色度属性和光度属性》（GB/T 2893.4—2013）所定义属性的磷光材料的颜色。

（3）安全标志的设计尺寸要求，具体参照《图形符号　安全色和安全标志　第 1 部分：安全标志和安全标记的设计原则》（GB/T 2893.1—2013）的第六章。

（4）辅助安全标志，可使用文字和（或）图形符号形式的辅助安全信息来描述、补充或阐明安全标志的含义。辅助安全标志的几何形状、背景色和对比色如表 4-5 所示。辅助安全信息应位于独立的辅助标志内或作为组成部分包含在组合标志或复式标志中，如图 4-28 所示。具体要求参照《图形符号　安全色和安全标志　第 1 部分：安全标志和安全标记的设计原则》（GB/T 2893.1—2013）的第七、八章。

辅助安全标志的几何形状、背景色和对比色　　表 4-5

几何形状	含　义	背景色	背景色的对比色	辅助安全信息的颜色
(矩形)	辅助信息	白色	黑色	
		安全标志的安全色	黑色或白色	任意颜色

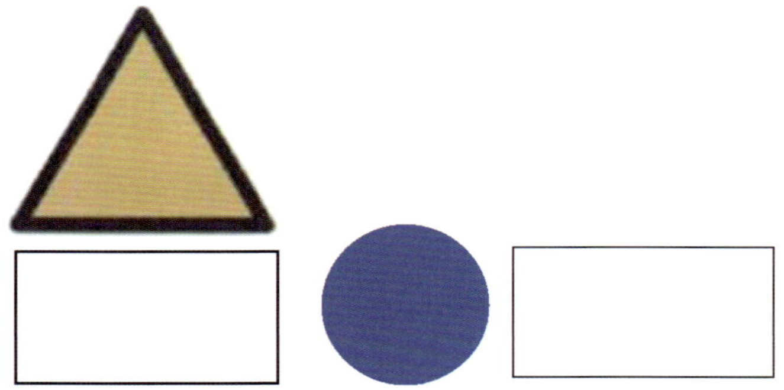

图 4-28　辅助安全标志位置排布示例

（5）安全出口类标志应遵循最新版国家标准《消防应急照明和疏散指示系统》（GB 17945）的相关规定。

2 无障碍设施标志

（1）无障碍设施标志设计应遵循最新版国家标准《公共信息导向系统　基于无障碍需求的设计与设置原则》（GB/T 31015）的相关要求。

（2）针对视力障碍群体，在标志设计时宜使用盲文；版面设计时不应将红色和绿色作为相邻区域色，以防止给色盲、色弱人群带来不便。

（3）针对肢体障碍群体，宜在中低位增设标志，并不应产生潜在的人身危险（中位：肢体障碍者水平视线高度，约为 1200mm。低位：包括紧靠墙面踢脚线位置的设置方式和地面设置方式）。

3 便携印刷品

（1）便携印刷品是便于使用者携带和随时查阅的导向资料，如图 4-29 所示。通过查看便携印刷品，旅客能随时获得枢纽的相关信息。

图 4-29　便携印刷品

（2）便携印刷品中信息的表达方式有图形符号、文字、颜色等，具体设计应符合最新版国家标准《公共信息导向系统　导向要素的设计原则与要求　第 5 部分：便携印刷品》（GB/T 20501.5）的相关规定。

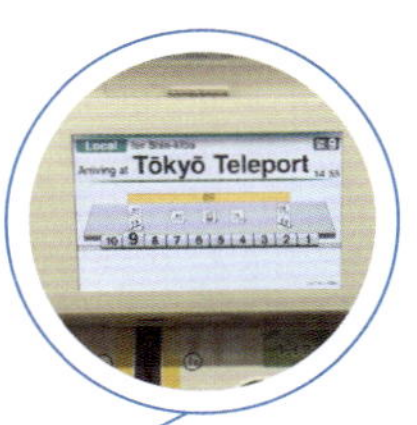

第5章

枢纽换乘导向系统建设管理

5.1 建设管理基本原则

针对国内综合客运枢纽的建设管理者普遍对换乘导向系统设计重视不足，且建设管理主体不明确、机制不完善等问题，在枢纽换乘导向系统建设过程中应遵循以下基本原则：

明确责任，加强协调。要将枢纽换乘导向系统作为枢纽主体建筑的重要组成部分，明确设计、建设、运营的责任主体，与主体建筑在各个阶段加强协调与配合。

同步设计，同步建设。枢纽换乘导向系统应与枢纽主体建筑同步设计、同步建设，设计阶段应充分考虑空间、载体和照明要求，做好预留。

加强维护，完善制度。在枢纽运营阶段，要加强换乘导向系统维护，制定相关管理制度和规章，结合旅客需求不断提升导向服务能力。

5.2 建设管理流程与要求

综合客运枢纽换乘导向系统建设管理主要分为设计、建设和运营三个阶段。

1 设计阶段

综合客运枢纽换乘导向系统设计的责任单位，一般为综合客运枢纽总体规划设计的组织单位或枢纽所在地行业主管部门指定的单位。

责任单位负责组织开展枢纽换乘导向系统的设计工作，负责协调枢纽换乘导向系统设计与枢纽建筑设计，负责协调枢纽换乘导向系统设计与各交通方式场站内部导向系统设计。

责任单位应结合所在枢纽规模大小、布局形式、复杂程度和建设情况，合理选择换乘导向系统的设计单位。选择的设计单位应具有相应的设计资质，并具备相关枢纽导向系统设计的经验。在设计过程中，应关注枢纽建筑和换乘导向系统的相互协调，枢纽建筑设计应充分考虑导向系统布设空间、载体和照明要求，做好预留。应关注换乘导向系统与各交通方式场站内部导向系统的衔接，注重交织区域导向系统的整体、连贯和信息内容的准确性。同时，应做好设计文件存档，与枢纽建设单位做好文件交接共享。

2 建设阶段

综合客运枢纽换乘导向系统建设的责任单位，一般为枢纽投资建设单位或相应的管理单位。对有多个不同投资主体参与投资建设的枢纽，行业主管部门应明确一家责任单位。

责任单位负责组织开展枢纽换乘导向系统建设工作，落实枢纽换乘导向系统与各交通方式场站内部导向系统的建设衔接，并做好与枢纽建筑的同步建设。

责任单位应按照换乘导向系统设计要求，合理选择施工单位。责任单位应协调好换乘导向系统与建筑施工的衔接，在建筑施工时落实好换乘导向系统设计内容、位置、形式等。换乘导向系统设计单位应根据枢纽建设实际情况，在建设过程中做好施工配合，进一步调整完善设计方案。换乘导向系统初步建设完成后，可组织市民、旅客进行体验式出行，进一步查找设计及施工中的不合理内容，改进和完善导向系统。同时应做好施工期文件存档，并将导向系统设计图纸及电子文档移交运营单位。

3 运营阶段

综合客运枢纽换乘导向系统运营维护的责任主体一般为枢纽运营管理单位。

责任单位负责做好换乘导向系统的维护管理和升级完善工作。

责任单位要建立换乘导向系统管理维护的规章制度，建立台账，做好换乘导向系统的月度、季度、年度维护管理。在枢纽运营的第一年，换乘导向系统设计单位应持续提供运营期改善咨询服务。在枢纽功能出现调整或导向系统需要更新的情况下，责任单位应根据实际情况，合理选择设计单位和施工单位，做好换乘导向系统升级完善工作，并做好相关文件存档。

附 录

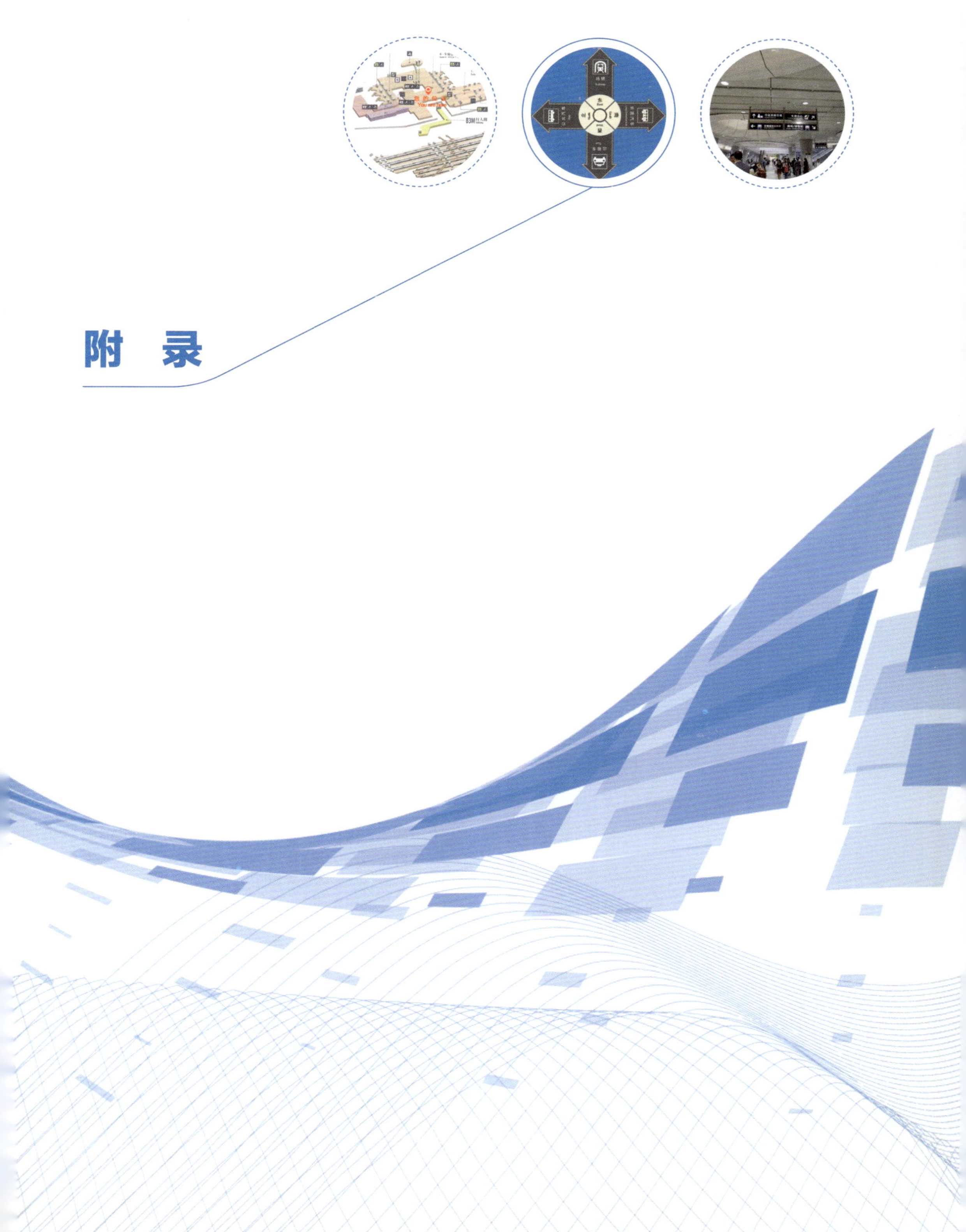

附录 1

常用标准规范

下列文件为本书参考文件，同时也是综合客运枢纽换乘导向系统设计时应重点关注的标准和规范。凡是注日期的引用文件，仅注日期的版本适用于本书。凡是不注日期的引用文件，其最新版本（包括所有的修改单）适用于本书。

通用标准规范

《标志用公共信息图形符号》（GB/T 10001）

《图形符号　术语》（GB/T 15565）

《公共信息导向系统　导向要素的设计原则与要求》（GB/T 20501）

《公共信息导向系统　设置原则与要求》（GB/T 15566）

《标志用图形符号表示规则》（GB/T 16903）

《安全标志及其使用导则》（GB 2894）

《图形符号　安全色和安全标志》（GB/T 2893）

《消防应急照明和疏散指示系统》（GB 17945）

《消防安全标志》（GB 13495）

《消防安全标志设置要求》（GB 15630）

《公共信息导向系统　基于无障碍需求的设计与设置原则》（GB/T 31015）

《道路交通标志和标线》（GB 5768）

《无障碍设计规范》（GB 50763）

《综合客运枢纽术语》（JT/T 1065—2016）

《综合客运枢纽换乘区域设施设备配置要求》（JT/T 1066—2016）

《综合客运枢纽通用要求》（JT/T 1067—2016）

铁路标准规范

《标志用公共信息图形符号 第3部分：客运与货运》（GB/T 10001.3）

《标志用公共信息图形符号 第10部分：铁路客运服务符号》（GB/T 10001.10）

《公共信息导向系统 设置原则与要求 第3部分：铁路旅客车站》（GB/T 15566.3）

《铁路客运服务信息系统设计规范》（TB 10074）

《铁路旅客车站设计规范》（TB 10100）

公路客运标准规范

《汽车客运站建设规范》（DB 32/T 1228）（江苏省地方标准）

城市公共交通标准规范

《城市公共交通标志 第1部分：总标志和分类标志》（GB/T 5845.1）

《城市公共交通标志 第2部分：一般图形符号和安全标志》（GB/T 5845.2）

《城市公共交通标志 第3部分：公共汽电车站牌和路牌》（GB/T 5845.3）

《城市公共交通标志 第4部分：运营工具、站（码头）和线路图形符号》（GB/T 5845.4）

城市轨道交通标准规范

《城市轨道交通客运服务标志》（GB/T 18574）

地方性标准规范

《公共交通客运标志 第5部分：客运枢纽》（DB 11/T 657.5—2014）（北京市地方标准）

附录 2

主要标志详解及制作安装

1 导向标志

（1）设置位置：出入口、客流流线上的分岔点或会合点等节点处。

（2）设置内容：各种交通功能分区及盥洗、餐饮等服务信息的名称、方向，确保以最短或最合适的线路进行引导。

（3）设置原则：交通信息和服务信息分层设置，并应符合《公共信息导向系统　导向要素的设计原则与要求　第 6 部分：导向标志》（GB/T 20501.6—2013）的要求。

中文字体：简体汉字，黑体。

英文字体：Arial（首字母大写）。

数字字体：阿拉伯数字，Arial。

导向标志示例如附图 2-1 所示。

附图 2-1　导向标志示例

2 位置标志

（1）设置位置：各服务设施或者具备服务功能的地点，包括各交通功能区、出入口、电梯、饮水处、卫生间等。

（2）设置内容：各服务设施或者具备服务功能的名称。

（3）设置原则：应符合《公共信息导向系统　导向要素的设计原则与要求　第2部分：位置标志》（GB/T 20501.2—2013）的要求。

中文字体：简体汉字，黑体。

英文字体：Arial（首字母大写）。

数字字体：阿拉伯数字，Arial。

位置标志示例如附图2-2所示。

附图 2-2　位置标志示例

3 综合信息标志

（1）设置位置：客运枢纽广场、入口、换乘大厅、换乘通道等醒目的位置。

（2）设置内容：视具体情况，内容可包括枢纽空间示意图、枢纽平面示意图、信息板、街区导向图、枢纽方位图等。

（3）设置原则：应符合《公共信息导向系统　导向要素的设计原则与要求　第3部分：平面示意图》（GB/T 20501.3—2017）的要求。

中文字体：简体汉字，黑体。

英文字体：Arial（首字母大写）。

数字字体：阿拉伯数字，Arial。

综合信息标志示例如附图2-3～附图2-6所示。

（1）街区导向图（附图2-3）。

附图 2-3　街区导向图示例

（2）平面示意图（附图 2-4）。

（3）公共交通导乘图（附图 2-5）。

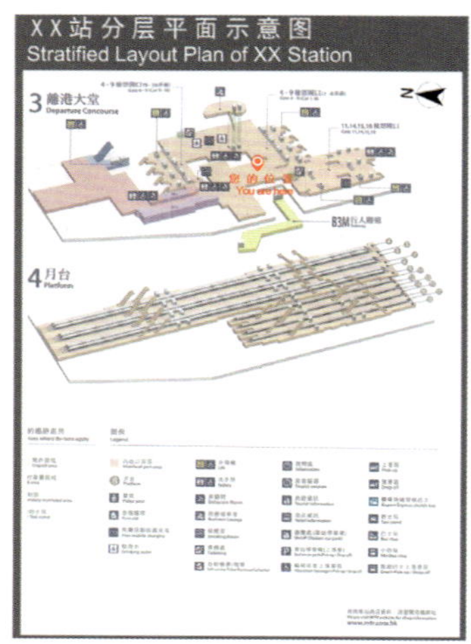

附图 2-4　平面示意图示例

附图 2-5　公共交通导乘图示例

（4）信息索引标志（附图 2-6）。

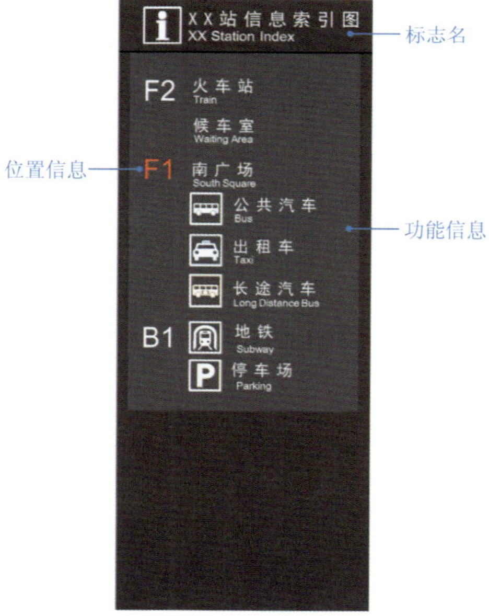

附图 2-6　信息索引标志示例

4 制作安装

（1）制作工艺。

①制作材料。

设施材料以铝合金型材为主，生产简便，重量轻，表面光洁，形态挺拔，长度可控，断面形态可根据需要单独设计，组装快捷，可灵活选装其他各类卡件，内部布线整齐方便。

②发光形式。

导向标志的发光材料分为荧光灯管和 LED（发光二极管）两类。荧光灯管为常规材料，造价较低，后期维护更换比较方便，但能耗高。LED 为新型发光材料，与荧光灯管相比，单次的造价高，但光照均匀，能耗低，使用寿命长。条件允许的情况下宜采用 LED 光源。

③表面处理。

设施表面应采用亚光材料和亚光处理方式，降低反射率，避免周围环境对信息的干扰。

④后期维护。

灯箱采用翻盖或开门式，便于内部照明材料的更换和日常维护。

⑤安全防护。

落地类设施两侧要有加强立柱或防护圈，防止旅客的行李箱碰撞。立柱的边角半径不能小于 8mm，避免造成人身伤害。

（2）安装方式。

为适应各站点的空间特点，将信息引导设施的设置方式分为贴附类、吊挂类、悬挑类、立地类、立柱类等几大类。

①贴附类。

贴附类设施导向标志附着于建筑物墙体表面，标志设施位置有墙体可供使用时可采用贴附式安装方式，此类设施皆以单面灯箱形式出现，适用于候车区、通道等空间（附图 2-7）。

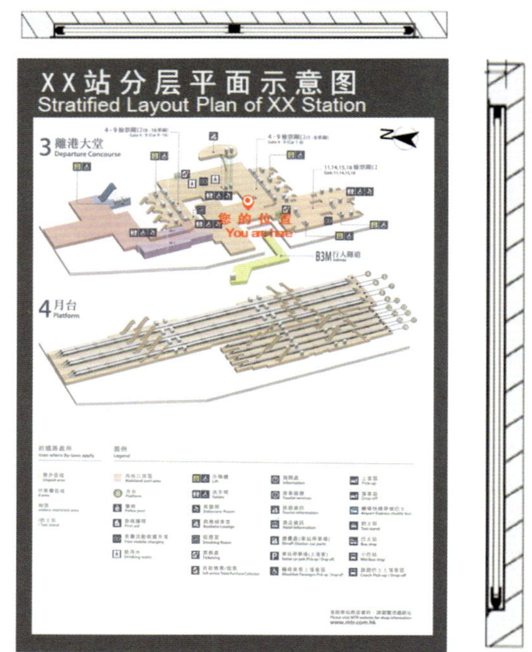

附图 2-7　贴附式标志结构

在规模较大的换乘大厅内，宜在适当地点连续设置带方向的地面导向标志，具体形式如附图 2-8 所示。

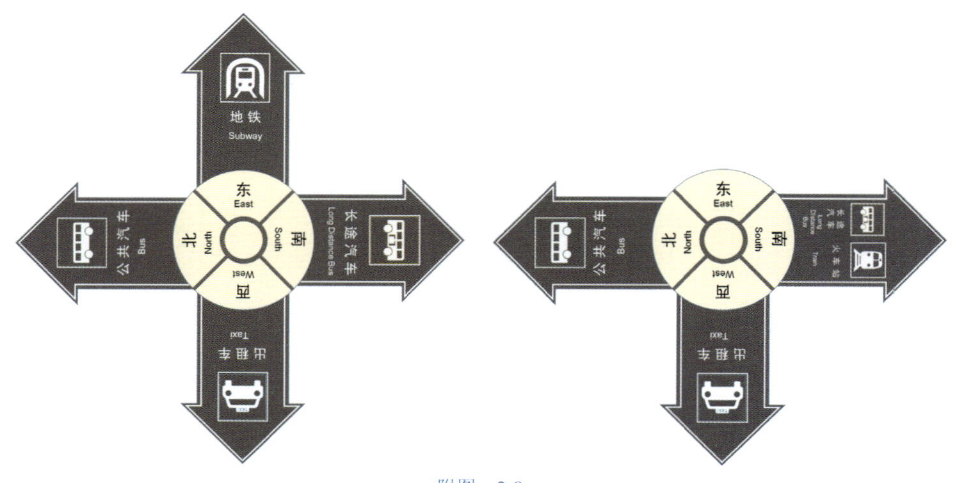

附图　2-8

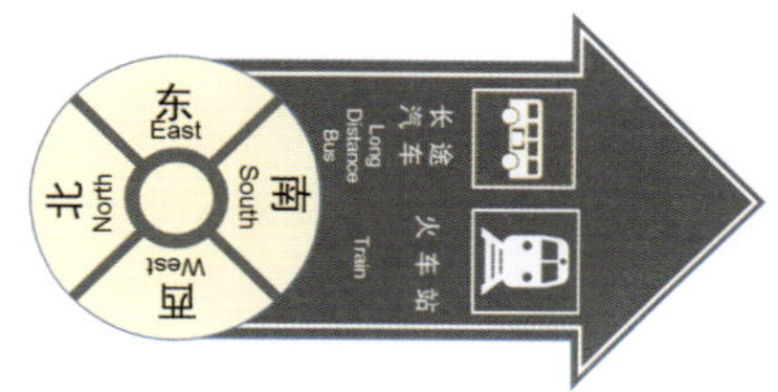

附图 2-8　地面贴附式导向标志

②吊挂类。

吊挂类设施安装于建筑的顶部，由上垂挂下来，适用层高在 3 ～ 10m，顶部有承重结构的空间吊挂式标志结构如附图 2-9 所示。

附图 2-9　吊挂式标志结构

③悬挑类。

悬挑类设施垂直与墙体、立柱等建筑物的承重结构，适用于通道等空间，具体形式如附图 2-10 所示。

④立地类。

立地类设施信息版面整体垂直于地面，形式可分为单面和双面两类，适用于信息密集的路口、出入口等位置。立地式标志结构如附图 2-11 所示。

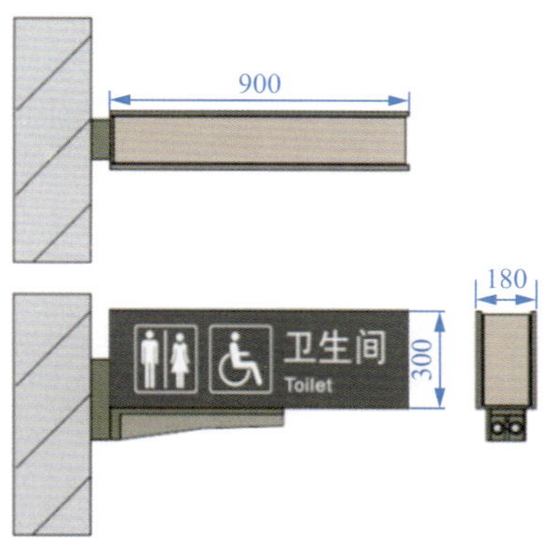

附图 2-10　悬挑式标志结构(尺寸单位:mm)

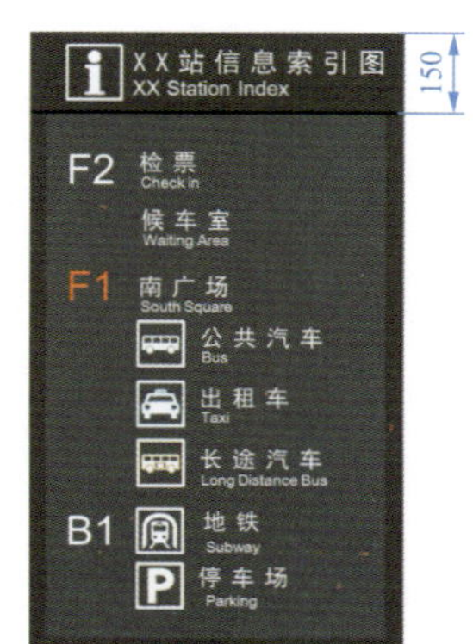

附图 2-11　立地式标志结构(尺寸单位:mm)

⑤立柱类。

立柱类设施指信息显示为横向，建筑顶部无法悬挂且需要有一定的显示高度时，以立柱方式将信息主体结构承托于一定高度的设施，适用于扶梯、检票口等处。立柱式标志结构如附图 2-12 所示。

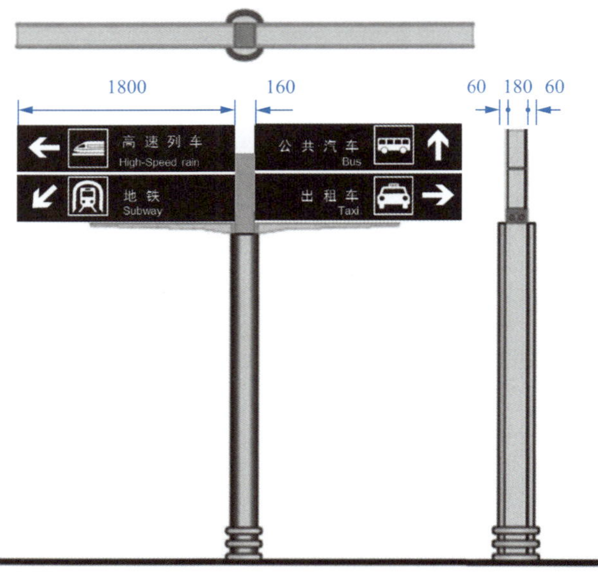

附图 2-12　立柱式标志结构(尺寸单位:mm)

附录 3

常用标志图形符号规范

序 号	图形符号	含 义	说 明
一、交通功能类			
01		飞机 Aircraft	表示民用飞机场或提供民用航空飞机服务； 采用 ISO 7001:1990（022）
02		轮船 Boat	表示码头或提供水运服务； 采用 ISO 7001:1990（024）
03		火车 Train	表示铁路车站或提供铁路运输服务
04	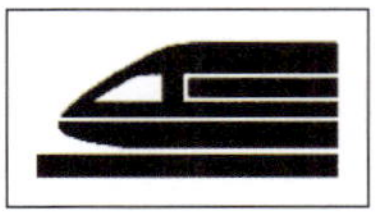	高速列车 High Speed Train	表示高速铁路车站或提供高速旅客列车运输服务
05		地铁 Subway	表示地铁车站或提供地铁运输服务

续上表

序　号	图形符号	含　义	说　明
06		轻轨列车 Light Rail Train	表示轻轨车站或提供轻轨运输服务
07		城际列车 Intercity Train	表示城际列车车站或提供城际列车运输服务
08		公共汽车 Bus	表示公共汽车站或提供公共汽车服务； 采用 ISO 7001：1990（005）
09		无轨电车 Trolleybus	表示无轨电车站或提供无轨电车服务
10		有轨电车 Streetcar	表示有轨电车站或提供有轨电车服务
11		长途汽车 Long Distance Bus	表示长途汽车站或提供长途汽车服务

续上表

序　号	图形符号	含　　义	说　　明
12		旅游车 Sightseeing Bus	表示提供旅游车服务的场所
13		出租车 Taxi	表示出租车站，也可表示出租车上客的场所；采用 ISO 7001：1990（012）
14		出租车下客 Taxi Drop-off	表示出租车下客的场所或区域
15		汽车租赁 Car Rental	表示提供汽车租赁服务的场所
16		自行车租赁 Bicycle Rental	表示提供自行车租赁服务的场所
17		出发 Departures	表示飞机离港或旅客出发及送客的场所

续上表

序号	图形符号	含义	说明
18		到达 Arrivals	表示飞机到港或旅客到达及接客的场所
19		行李包裹 Baggage	表示行李包裹、邮件服务的场所和设施
20		自助行李寄存 Self-service Luggage Storage	表示提供行李自助寄存或电子寄存的场所，如自助寄存箱、电子寄存柜等
21		停车场 Parking	表示停放机动车的场所或位置，如停车场
22		室内停车场 Parking	表示停放机动车的场所或位置，如地下停车场
23		自行车停放处 Bicycle Parking	表示停放自行车的场所或位置

续上表

序号	图形符号	含义	说明
24		等候区 Waiting Area	表示人们等候、休息的场所或位置，如车站的候车室、机场的候机区等
25		母婴候车室 Waiting Room for Mothers with Children	表示母婴等候的场所，如母婴候车室、母婴候船室等
26		会合点 Meeting Point	表示会合、约见的场所或位置
27		行李寄存 Left Luggage	表示临时存放行李的场所或位置
28		票务服务 Tickets	表示出售各种票据的场所或位置，如机场、车站、影院、体育场馆、公园等处的售票处及医院的挂号处等
29		自动售票 Automatic Ticketing	表示自助售票的设备或提供自动售票服务的设施或位置

续上表

序 号	图形符号	含 义	说 明
二、服务设施类			
30		方向 Direction	表示方向； 符号根据实际情况设置； 图形符号栏中的角标不是图形符号的组成部分，仅是设计导向标志时确定方向符号位置的依据
31		入口 Entrance	表示入口位置或指明进去的通道； 应用时，根据实际情况可将符号旋转90°或180°
32		出口 Exit	表示入口位置或指明出去的通道； 应用时，根据实际情况可将符号旋转90°或180°
33		出入口 Entrance and Exit	表示出口位置或指明出入的通道； 应用时，根据实际情况可将符号旋转90°或180°
34		上楼楼梯 Stairs Up	表示仅允许上楼的楼梯或其位置； 不表示自动扶梯
35		下楼楼梯 Stairs Down	表示仅允许下楼的楼梯或其位置； 不表示自动扶梯、地下通道

续上表

序 号	图形符号	含 义	说 明
36		楼梯 Stairs	表示上下共用的楼梯或其位置； 不表示自动扶梯
37		天桥 Overpass	表示过街天桥或其位置； 不表示楼梯
38		地下通道 Underpass	表示地下通道或其位置； 不表示楼梯
39		上行自动扶梯 Escalator Up	表示向上自动扶梯或其位置； 不表示楼梯
40		下行自动扶梯 Escalator Down	表示向下自动扶梯或其位置； 不表示楼梯
41		自动扶梯 Escalator	表示自动扶梯或其位置； 不表示楼梯

续上表

序号	图形符号	含义	说明
42		自动步道 Moving Walkway	表示供人们使用的、平面运行的自动扶梯
43		电梯 Elevator	表示公用电梯或其位置
44		男 Men	表示男性专用设施的位置，如男厕所、男浴室等
45		女 Women	表示女性专用设施的位置，如女厕所、女浴室等
46		卫生间 Restrooms	表示卫生间或其位置； 需要根据男、女卫生间的实际位置使用本符号或其镜像符号
47		饮用水 Drinking Water	表示提供可饮用水的场所或位置

续上表

序　号	图形符号	含　义	说　明
48		开水 Boiled Water	表示提供开水的场所或位置，如开水间、茶炉室等
49		购物中心 Shopping Area	表示出售各种商品的场所或位置，如商场、购物中心等
50		宾馆 Hotel	表示提供膳宿的场所、位置或服务，如宾馆、饭店或预订处
51		自动柜员机 Automatic Teller Mechanic	表示可供自动存款、取款的设施或位置
52		哺乳室 Baby Care	表示可喂哺婴儿或给婴儿更换尿布的场所或位置
53		餐饮 Restaurant	表示餐饮或提供餐饮服务的场所或位置

续上表

序号	图形符号	含义	说明
54	VIP	贵宾 Very Important Person	表示对贵宾提供服务的场所或位置，如贵宾室、贵宾接待处
55		信息服务 Information	表示不设工作人员，仅提供平面图、地图、指南、手册等各种信息的场所或位置
56		问询 Enquiry	表示设有专职工作人员进行咨询服务，亦可同时提供地图、指南、手册等各种资料进行信息服务的场所或位置
57		废物箱 Rubbish Bin	表示供人们扔弃废物的场所或位置
58		允许吸烟 Smoking Allowed	表示允许吸烟的场所或位置，如吸烟区、吸烟室等
59		请勿通过 No Thoroughfare	表示此处不允许进入、通行或穿越

续上表

序　号	图形符号	含　义	说　明
60		请勿吸烟 No Smoking	表示该处不允许吸烟
61		禁止翻越栏杆 No Crossing	表示该处不允许翻越栏杆
62		禁止倚靠 Leaning on the Door Prohibited	表示禁止倚靠某物体，如车门等； 用于公共场所、建筑物、服务设施、印刷品等
63		禁止停留 No Stopping	
64		禁止攀登 No Climbing	
65		请勿乱扔废弃物 No Littering	

续上表

序号	图形符号	含义	说明
66		小心滑倒 Caution ! Slippery	
67		注意安全 Caution ! Danger	
68		急救 First Aid 医疗点 Clinic	表示提供简单医疗服务的场所或位置，如急救站、医疗点、医务室等，不表示医院； 图形符号中的角标不是图形符号的组成部分，应用时需保留角标与绿色符号衬底之间的白色衬底

注：以上为常用标志图形符号规范列表，如有其他非常见标志图形符号需要，可参考最新版国家标准《标志用公共信息图形符号》（GB/T 10001）。

参考文献

[1] 铁道部运输局 . 铁路旅客车站导向标志系统设计指南 [M]. 北京：中国铁道出版社，2010.

[2] 江苏省交通运输厅规划研究中心，江苏纬信工程咨询有限公司 . 江苏省铁路综合客运枢纽规划建设指南研究 [M]. 北京：人民交通出版社，2010.

[3] 交通运输部规划研究院 . 综合客运枢纽设计指南 [M]. 北京：人民交通出版社，2012.

[4] 常州市铁路建设指挥部 . 沪宁城铁常州站建筑设计文件 [R]，2007.

[5] 江苏纬信工程咨询有限公司 . 京沪高铁南京南铁路综合客运枢纽汽车客运南站工程可行性研究报告 [R]，2007.

[6] 中国城市规划设计研究院，苏州市规划局，苏州市交通局 . 苏州铁路站综合交通客运枢纽规划 [R]，2008.

[7] 江苏纬信工程咨询有限公司，深圳市市政设计研究院有限公司 . 沪宁城际铁路镇江站综合交通枢纽——镇江汽车客运站工程可行性研究报告 [R]，2009.

[8] 江苏省交通运输厅 . 综合交通客运枢纽案例资料汇编 [R]，2009.

[9] 江苏省交通运输厅规划研究中心，北京中咨正达交通工程科技有限公司 . 江苏省铁路综合客运枢纽信息系统研究 [R]，2010.

[10] 南京市交通运输局 . 南京市小红山汽车客运站工程可行性研究报告 [R]，2010.

[11] 江苏纬信工程咨询有限公司 . 宁杭高铁宜兴铁路综合客运枢纽——汽车客运南站工程可行性研究报告 [R]，2011.

[12] 江苏纬信工程咨询有限公司 . 宁杭高铁溧阳铁路综合客运枢纽——汽车客运南站工程可行性研究报告 [R]，2011.

[13] 江苏省交通运输厅规划研究中心，江苏纬信工程咨询有限公司 . 江苏省综合客运枢纽发展评估 [R]，2016.

[14] 江苏省交通运输厅规划研究中心，江苏纬信工程咨询有限公司 . 综合客运枢纽换乘导向系统研究 [R]，2017.

[15] 江苏省交通运输厅 . 江苏省综合客运枢纽换乘导向系统技术指南 [R]，2018.